Rafael Hüntelmann
Grundkurs Philosophie I
Werden, Bewegung und Veränderung

editiones scholasticae
Band 24

Reihe
Philosophie des gesunden Menschenverstandes

Band 1

Rafael Hüntelmann

Grundkurs Philosophie I

Werden, Bewegung und Veränderung

editiones scholasticae

Bibliographic information published by Deutsche Nationalbibliothek
The Deutsche Nationalbibliothek lists this publication in the Deutsche Nationalbibliographie;
detailed bibliographic data is available in the Internet at http://dnb.ddb.de

©2012 editiones scholasticae
Postfach 15 41, D-63133 Heusenstamm
www.editiones-scholasticae.de

ISBN 978-3-86838-524-3
editiones scholasticae is an imprint of Ontos Verlag

2012

Printed on acid-free paper

Printed in Germany
by Strauss GmbH

Vorwort zur Schriftenreihe

PHILOSOPHIE DES GESUNDEN MENSCHENVERSTANDES

"Seitdem im 16. Jahrhundert die Neuzeit begonnen hat, steht kein einziges philosophisches Weltbild irgendeines Philosophen mehr wahrhaft im Zusammenhang mit der Anschauung irgendeines Menschen von der Wirklichkeit, mit dem, was der gewöhnliche Mensch, wenn man ihn sich selbst überließe, den gesunden Menschenverstand nennen würde. Jedes dieser Systeme ging von einem Paradox aus, von einem besonderen Gesichtspunkt, der jeweils das Opfer einer gesunden Anschauung erfordert."

Gilbert Keith Chesterton

Dies ist die erste Schrift der Reihe *Philosophie des gesunden Menschenverstandes*. Wir verstehen darunter die Philosophie, die die meisten Menschen schon irgendwie implizit besitzen, die sie allerdings nicht explizit ausdrücken könnten. In dieser Reihe werden wir in verschiedenen kleinen Schriften versuchen, diese Philosophie des gesunden Menschenverstandes explizit zu machen. Die kleinen Schriften dieser Reihe führen in verschiedene zentrale Themen der Philosophie auf systematische und nicht historische Weise ein und sollen den Leser zum selbstständigen Weiterdenken anregen. Wir sind der Auffassung, dass die aristotelisch-scholastische Philosophie am ehesten unseren alltäglichen Intuitionen entspricht und deshalb auch zu Recht häufig als Philosophie des gesunden Menschenverstandes bezeichnet wurde. Wir werden aber keine historische philosophische Position darstellen und deshalb auch nicht ständig darauf Bezug nehmen, obgleich das Meiste auf die aristotelische Scholastik zurückgeht, besonders auf Thomas von Aquin und die Neuscholastik. In der Philosophie geht es um die Sache und um die Wahrheit, nicht um historische Richtigkeit. Sollte eine philosophische Theorie der Vergangenheit wahr sein, dann ist es gleichgültig, wie alt sie ist. Es geht dann darum, diese Theorie argumentativ gegen moderne Einwände zu verteidigen, sofern dies möglich ist. Thomas von Aquin hat dies selbst sehr treffend ausgedrückt als er schrieb, dass es beim Studium der Philosophie nicht darum gehe zu wissen, was bestimmte Individuen dachten, sondern darum, wie die Dinge sind.

Diese Schriftenreihe wendet sich zuerst an philosophisch interessierte Laien und im weiteren an Studierende im Grundstudium der Philosophie oder anderer Geisteswissenschaften. In den vergangenen Jahrzehnten, in denen die Philosophie wieder auf größeres Interesse stößt, wurden zahlreiche Einführungen in die Philosophie publiziert, die entweder einen Überblick über die verschiedenen philosophischen Systeme der Vergangenheit geben oder in systematischer Weise, also problem- und sachorientiert, in das philosophische Denken einführen. Diese Einführungen sind oftmals sehr hilfreich und lesenswert. Allerdings ist uns keine einzige Einführung im deutschen Sprachraum bekannt, die auf der Grundlage der aristotelisch-scholastischen Philosophie in systematischer Weise in philosophische Grundfragen einführt. Deshalb glauben wir, dass wir mit unserer Schriftenreihe eine Lücke füllen.

Es gibt natürlich verschiedene Gründe, warum diese Philosophie seit langem kaum noch Beachtung findet. So meint man, diese Art der Philosophie habe uns heute nichts mehr zu sagen, sie sei überholt. Hinzu kommt eine nicht selten vorhandene grundsätzliche Ablehnung der mittelalterlichen Philosophie, die man als stark weltanschaulich orientiert betrachtet, ohne offenbar zu bemerken, dass die moderne Philosophie oft erheblich stärker weltanschaulich ausgerichtet ist. Dies wird schon daran erkennbar, dass die moderne Philosophie fast durchweg unseren gewöhnlichen Intuitionen deutlich widerspricht, wie auch Chesterton in dem von uns einleitend angeführten Zitat feststellt. Im angelsächsischen Raum, wo der sogenannte gesunde Menschenverstand oder der *common sense* immer schon stärkeren Einfluss, nicht nur auf die Philosophie, ausgeübt hat, gibt es seit einigen Jahren wieder eine verstärkte Zuwendung zur aristotelisch-scholastischen Philosophie. Und hier zeigt sich, dass diese Philosophie zu den heute meist diskutierten philosophischen Problemen und Fragen einen Beitrag leisten kann und in vielen Fällen Antworten bietet, die denen der vorherrschenden philosophischen Strömung der Gegenwart, der analytischen Philosophie, zumindest ebenbürtig sind. In den Schriften dieser

Reihe werden wir immer wieder auf Theorien der Gegenwartsphilosophie eingehen und sie vor dem Hintergrund der *Philosophie des gesunden Menschenverstandes* diskutieren.

Inhalt

Einleitung

Diese kleine Schrift führt anhand einer Analyse der Bewegung oder Veränderung in philosophische Grundfragen ein, die vorwiegend zum Thema der Metaphysik und zum Teil der Naturphilosophie gehören. Metaphysik ist gewissermaßen die Königsdisziplin der Philosophie. Der Name bezeichnete ursprünglich keine philosophische Disziplin, sondern schlicht gewisse Schriften des Aristoteles (+ 322 v.Chr.), die dieser nach seinem großen „Hauptwerk", der „Physik" verfasst hat. Einer der Schüler Aristoteles', ein gewisser Andronikos von Rhodos, ordnete die Schriften des Aristoteles im 1. Jahrhundert vor Christus, also schon lange nach dem Tode Aristoteles' und nannte die Schriften, die nach der *Physik* entstanden waren, mit dem griechischen Wort „*meta ta physica*", was so viel besagt wie „nach der Physik". Wenn man den Begriff „Metaphysik" jedoch heute und schon seit langem in einem systematischen Sinne verwendet, dann gehört auch Aristoteles' *Physik* zur Metaphysik. Es ist schwierig, eine allgemein verbindliche Definition von Metaphysik zu geben. Vielleicht kann man sich am ehesten darauf einigen, dass Metaphysik die allgemeinste Theorie der Welt, oder überhaupt dessen, was es gibt, ist. Metaphysik wurde auch als Wissenschaft des Übersinnlichen bezeichnet, wobei dies allerdings nichts mit Esoterik oder New Age zu tun hat, sondern eine Wissenschaft bezeichnet, die sich auf Tatsachen bezieht, die wir nicht mit den Sinnen erfassen können. Aristoteles selbst nannte das, was man heute als Metaphysik bezeichnet, schlicht „erste Wissenschaft".

Was ist mit dieser Wissenschaft genauer gemeint? Jede Wissenschaft, ob Physik, Chemie, Biologie, Psychologie, Soziologie und so weiter, aber auch selbst Mathematik und Geometrie, beschäftigt sich mit einem ganz bestimmten Gebiet der Wirklichkeit, des Seienden, wie die Philosophie sagt. Keine dieser Einzelwissenschaften beschäftigt sich mit dem Seienden, mit dem, was es gibt, insofern es überhaupt ist, insofern es seiend ist. Die Untersuchung und das

Studium der Frage nach dem Seienden, insofern es überhaupt ist, insofern es seiend ist, dies genau ist das Thema der Metaphysik. Aristoteles selbst definiert die Metaphysik in dieser Weise, eben als die *Wissenschaft, die das Seiende als solches untersucht.*

Nun hört sich das zweifellos sehr abstrakt an. Und es ist tatsächlich sehr abstrakt, es ist die abstrakteste Wissenschaft überhaupt, abstrakter noch als Mathematik. Denn zunächst hat die Metaphysik nicht einen bestimmten, eingegrenzten Bereich dessen, was es gibt, sondern einfach alles, was es gibt und selbst das, was es nicht gibt. Was aber sein kann, was möglich ist, gehört zum Gegenstand der Metaphysik. Keine andere Wissenschaft ist so umfassend. Sicherlich ist auch die Mathematik in einem gewissen Sinne so umfassend, doch der entscheidende Unterschied zwischen Metaphysik und jeder anderen Wissenschaft besteht darin, was sie an all dem, was es gibt und geben kann interessiert. Bei der Mathematik ist dies klar bestimmt; sie untersucht alles, was es gibt, rein nach seiner Quantität, zu der die Zahlen gehören. Die Metaphysik hingegen untersucht alles, was es gibt, allein hinsichtlich dessen, dass es dies überhaupt gibt, sie untersucht, wie wir schon sagten, dass Seiende, insofern es seiend ist. Schon diese Formulierung ist so schwierig, dass man längere Zeit darüber nachdenken muss, um den Sinn zu verstehen.

Das Seiende, insofern es überhaupt ist, dass Seiende als Seiendes, das Seiende als solches: was soll das heißen? Nehmen wir als Beispiel irgendeinen beliebigen Gegenstand. Welchen Gegenstand wir nehmen, ist gleichgültig, weil es uns in der Metaphysik ja nicht darum geht, irgendeine Besonderheit dieses Gegenstandes zu untersuchen, sondern das er *ist.* Doch weil wir gewohnt sind, zunächst vom Anschaulichen auszugehen, nehmen wir einen Kastanienbaum. Von diesem abstrahieren wir zunächst alle Besonderheiten, die ein Kastanienbaum hat, wie wir ihn vielleicht aus dem Biergarten kennen. Dann erfassen wir den Kastanienbaum als solchen, als eine bestimmte Art, der zur Gattung der Bäume gehört. Wenn wir noch weiter abstrahieren, gewinnen wir den Gattungsbegriff

„Baum", unter den alle Bäume fallen, die es überhaupt gibt. Noch allgemeiner ist der Begriff der „Pflanze", zu der natürlich auch Bäume gehören. Hier fehlt uns bereits eine bestimmte Anschauung, denn zu den Pflanzen gehören so unterschiedliche Dinge wie Pilze, Farne, Moose, Rosen und Orchideen und natürlich auch Bäume. Wenn wir nun noch einen Schritt weitergehen in unseren „Abstraktionsübungen", was bleibt dann für ein Begriff übrig? Es ist der Begriff des „Seienden" oder des „Seins" (wir verwenden auch den Begriff „Entität"). Dieser Begriff ist in der Tat der allgemeinste Begriff überhaupt, denn es gibt nichts, was nicht unter diesen Begriff fällt, außer – das Nichts. Doch „das Nichts" ist nichts; schon die Substantivierung ist eigentlich ein Fehler. Alles, was es gibt, sei es nun wirklich, oder nicht mehr wirklich, oder noch nicht wirklich, oder nur möglich, einfach alles ist seiend.

Und nun untersucht diese Wissenschaft, die Metaphysik, dass Seiende in der „Hinsicht", dass es seiend ist. Also nicht hinsichtlich seiner Größe, oder Ausdehnung, nicht hinsichtlich der Menge oder irgendeiner anderen besonderen Bestimmung, sondern nur hinsichtlich dessen, dass es ist, dass es seiend ist. Ich will versuchen, die Bedeutung dieser „Hinsicht" mit einem Hinweis zu erläutern; später, wenn Sie dieses kleine Buch gelesen haben, werden Sie gewiss etwas besser verstehen, was gemeint ist. Was zeichnet jedes Seiende im soeben erläuterten Sinne aus, also auch den Kastanienbaum? Nun, wie wir schon hörten, zunächst dies, dass es seiend ist. Die Frage entsteht somit, was mit „seiend" oder „Sein" eigentlich gemeint ist, oder noch allgemeiner, was „seiend" ist (sofern es überhaupt ein „was", ein „etwas") ist. Auf diese Frage geben wir hier keine Antwort, denn diese Antwort würde ein Buch füllen, das mindestens so umfangreich ist wie das vorliegende. Es gibt noch etwas anderes, das jedes Seiende charakterisiert, insofern es seiend ist. Jedes Seiende ist Eines. Nun, werden Sie sagen, was soll denn das? Das weiß doch jedes Kind, dass ein Ding, ein Seiendes, wie Sie es nennen, Eines und nicht zwei oder drei ist. Sie haben natürlich Recht, doch dieses „Eines" bedeutet vielleicht noch mehr als bloß, dass es nicht zwei ist, und dann gibt es gleich weitere Fragen, die sich daraus ergeben, wenn man sagt, dass das Seiende Eines ist. Zum Beispiel gibt es nicht wenige Philosophen im Verlauf ihrer 2500 jährigen Geschichte, die der Auffassung waren, dass es überhaupt nur ein einziges Seiendes gibt und nicht viele. Wir werden gleich im ersten Kapitel einen dieser Philosophen kennenlernen.

Dabei will ich es zunächst belassen; es geht ja zunächst nur darum verständlich zu machen, was Metaphysik ist, was ihr Gegenstandsgebiet ist, was sie untersucht und was dies bedeutet, sie sei die Wissenschaft, die das Seiende als Seiendes erforscht.

Das vorliegende kleine Buch behandelt gar nicht diese sehr abstrakten Fragen. Sie werden einer der kommenden Schriften vorbehalten sein. In diesem Buch geht es um die Veränderung, um das Werden. Alle materiellen Dinge verändern sich, ob nun sehr schnell oder für unsere Wahrnehmung so langsam, dass wir die Veränderung nicht bemerken. Wir untersuchen nun die Veränderung im Rahmen der Metaphysik und dies bedeutet, dass wir nach der Veränderung als solcher fragen. Es geht darum, was Veränderung oder Werden überhaupt ist. Über diese Fragen stoßen wir auf immer weitere Fragen und dringen so zugleich immer tiefer in grundlegende Themen der Philosophie vor. Die Philosophie ist nämlich eine wahrhaft „ganzheitliche" Wissenschaft, vielleicht sogar die einzige wirklich ganzheitliche Wissenschaft. Man kann anfangen wo man will, man kommt immer wieder auf die gleichen Themen, denn immer steht das Ganze auf dem Spiel.

Wir beginnen mit der Frage, was denn Veränderung, Bewegung, Werden überhaupt ist. Wir werden sehen, dass es ganz verschiedene Arten der Bewegung gibt und werden dann eine für alle Arten der Veränderung passende Definition finden. Diese Definition gibt uns das Wesen der Bewegung und von dort gelangen wir zu zwei grundlegenden Prinzipien, auf die jede Veränderung zurückgeführt werden kann, nämlich Akt und Potenz. Diese beiden Grundprinzipien der Wirklichkeit bestimmen nicht nur jede Veränderung, sondern überhaupt jedes Seiende. Alles Geschaffene ist aus diesen beiden Prinzipien zusammengesetzt. Von hier aus gelangen wir durch die Frage, was denn das ist, was zusammengesetzt ist, bzw. was das im eigentlichen Sinne Seiende ist, zum philosophischen Begriff der Substanz. Substanzen, aber nicht nur diese, sondern alles, was es gibt, auch die Bewegung, haben ein Wesen. Was ist mit diesem Wesen oder der Wesenheit gemeint, das allen Seienden zukommt? Dies ist die Frage eines weiteren Kapitels. Das letzte Kapitel behandelt dann die Ursachen der Veränderung, d.h. allgemeiner, die Theorie von Ursache und Wirkung oder das Thema der Kausalität.

Natürlich geht es nicht nur darum, diese verschiedenen Theorien vorzustellen. Eine der wichtigsten Aufgaben der Philosophie besteht darin, diese Theorien mit Argumenten gegenüber anderen Auffassungen zu verteidigen, um so die Wahrheit herauszufinden. Während die meisten Einzelwissenschaften die Wahrheit ihrer Theorien durch Experimente belegen, verfügt die Philosophie nicht über dieses Mittel. An die Stelle des Experiments tritt bei der Philosophie das Argument. Stehen sich zwei oder mehr Theorien bei der Antwort auf eine Frage gegenüber, entscheidet das bessere Argument. Dabei spielt in der Philosophie, ebenso wie bei anderen Geisteswissenschaften, der weltanschauliche Hintergrund der Argumente eine nicht unwesentliche Rolle. Letztendlich aber geht es um die Wahrheit und wir sind der Überzeugung, dass die Wahrheit grundsätzlich erkennbar ist, wenn auch nicht mit absoluter Gewissheit. Diese gibt es bei keiner endlichen Wissenschaft und bei den Einzelwissenschaften noch weniger als in der Philosophie.

Philosophie ist die Liebe zur Weisheit, zur Wahrheit. Wer sich diese Liebe in unserer Zeit des Relativismus, in der vielfach bestritten wird, dass es überhaupt Wahrheit gibt oder dass wir diese erkennen können, bewahrt hat, der will wissen, wie es wirklich ist, wie sich die Dinge wirklich verhalten. Diese Schrift will eine kleine Anleitung sein, darüber nachzudenken und sich in die großen Fragen der Philosophie zu vertiefen. Diese und die folgenden Schriften dieser Reihe sollen dabei eine Hilfe sein.

I. Veränderung, Werden, Bewegung

Die Dinge ändern sich

Alles was wir kennen hat einen Anfang und ein Ende. Und zwischen Anfang und Ende liegt die Veränderung. Die Dinge verändern sich. Das sehen und erfahren wir täglich. Und diese Veränderung ist real. Es gab eine Zeit, da war ich deutlich jünger als heute und ich sah auch anders aus. Ich war früher zum Beispiel kleiner. Heute bin ich 1,84 m groß. Dies ist eine deutlich erkennbare Veränderung und diese Veränderung ist kein Betrug der Sinne, sondern sie ist wirklich. Es gab in der Antike Philosophen - bekannt ist vor allem Parmenides -, die bestritten, dass es Veränderung gibt. Wenn wir so etwas wie Veränderung dennoch beobachten, so sagten diese Philosophen, dann kann sie nicht wirklich sein. Veränderung sei nur eine Täuschung der Sinne.

Freilich kann man nicht sagen, dass sich alles verändert. Es gibt gewisse „Dinge", die sich nicht verändern, wobei das Wort „Dinge" hier nicht nur materielle Gegenstände bedeutet. Denn was sich verändert, sind materielle Gegenstände. Naturgesetze oder mathematische Gesetze zum Beispiel ändern sich nicht. Sie sind in der Tat unveränderlich. Allerdings sind diese Gesetze auch keine materiellen Dinge, sondern etwas, was materielle Dinge bestimmt. Es gibt auch noch anderes, was sich nicht verändert, doch wir wollen darauf nicht schon an dieser Stelle vorgreifen. Jedenfalls werden Sie mir zustimmen, wenn ich sage, dass materielle Körper sich verändern. Und wir selbst haben sogar die Möglichkeit die Dinge in unserer Umwelt zu verändern, und wir tun dies auch häufig. Vielleicht haben wir in den vergangenen Jahrhunderten, besonders aber in den letzten hundert Jahren, zu viel verändert, und nun versuchen wir, dieses „Zuviel" wieder zu ändern. Dem modernen Menschen fällt es schwer, die Dinge nicht zu verändern und sie einfach zu lassen. Diese Veränderungen haben so sehr in die Natur eingegriffen, dass vieles zerstört wurde und manchmal unwiederbringlich verloren gegangen ist.

Materielle Gegenstände verändern sich oder können verändert werden. Es gibt Veränderungen, die sehr schnell vor sich gehen, wie der radioaktive Zerfall bestimmter Elemente oder die Ausdehnung des Universums, und andere Veränderungen, die sehr langsam vonstattengehen, so langsam, dass man ihre Veränderung kaum beobachten kann, wie die Veränderung eines Bergs oder eines Steins. Doch auch dann können wir uns sicher sein, dass sie sich verändern.

Die Philosophen sprechen zumeist nicht von Veränderung, sondern von Bewegung. Dies gilt besonders für die Philosophen der Antike und des Mittelalters. Dabei hat der Begriff der Bewegung eine viel umfassendere Bedeutung als heute. Wir haben uns daran gewöhnt, Bewegung zumeist im Sinne der Physik als Ortsbewegung zu verstehen. Dies ist aber nur eine Art der Bewegung und zwar die, welche, wie gesagt, besonders die Physik interessiert.

Die Physik kann vieles über Bewegung sagen und ihren mathematischen Grundlagen entsprechend, kann sie sogar eine physikalische Definition der Bewegung geben. In einer solchen Definition wird die Bewegung mit anderen Parametern, wie Masse und Kraft in Beziehung gesetzt und in einer Formel ausgedrückt. Müssen wir uns dann also an die Physiker wenden um zu erfahren, was Bewegung ist? Wohl kaum! Denn die Physik fragt nicht nach dem *Wesen* der Bewegung, sie fragt nicht, *was* Bewegung *als Bewegung* selbst ist. Sie bestimmt die Bewegung im Sinne der Ortsveränderung durch andere mess- und berechenbare Eigenschaften. Wenn wir uns fragen, was denn Bewegung ist und zwar *als Bewegung*, nicht im Verhältnis zu anderen Dingen wie Masse oder Kraft, dann ist dies eine *metaphysische* Frage, wirklich eine Frage, die über die Physik hinausgeht (meta = nach, über, darüber hinaus).

Das Wort *Metaphysik* wurde von den Schülern des griechischen Philosophen *Aristoteles* zur Bezeichnung der Schriften eingeführt, die dieser Größte aller Philosophen nach seiner *Physik* geschrieben hatte. Später wurde die Metaphysik als eine eigene Wissenschaft etabliert, die sich besonders mit dem befasst, was Aristoteles bereits als Gegenstand der Metaphysik bezeichnet hatte, nämlich die Untersuchung des Seienden *als Seienden*.

„Jetzt wird es aber sehr abstrakt", werden Sie sagen, und ich will Ihnen nicht widersprechen. Ich werde auch gleich wieder zum Thema dieses Abschnitts zurückkehren. Die Metaphysik fragt zum Beispiel nach der Bewegung *als Bewegung*, d.h. nicht nach der Bewegung in einer bestimmten Hinsicht, wie beispielsweise hinsichtlich der Geschwindigkeit oder der Ortsveränderung. Die Metaphysik interessiert sich dafür, was die Bewegung *als solche*, was die Bewegung *selbst* ist. Und dies ist eben auch unser erstes Thema womit wir also bereits Metaphysik treiben. Für Aristoteles und die ihm folgenden Philosophen des Mittelalters war allerdings die Frage nach der Bewegung eine solche der Naturphilosophie, und Aristoteles selbst behandelt dieses Thema vor allem in seiner „Physik". Er behandelt das Thema der Veränderung oder Bewegung allerdings nicht wie die moderne naturwissenschaftliche Physik, sondern philosophisch, besser gesagt metaphysisch.

Arten der Veränderung

Bevor wir nun aber sagen können, was denn die Bewegung im allgemeinsten Sinne ist, müssen wir zunächst einmal verschiedene Arten der Bewegung unterscheiden. Von der geläufigsten Art der Bewegung, der Ortsbewegung, haben wir schon kurz gesprochen. Wenn ich mit dem Zug von Freiburg nach Stuttgart fahre, dann habe ich meinen Ort gewechselt. Wenn ich die Mouse meines Computers nach unten verschiebe, ist auch dies eine Ortsveränderung und zwar eine solche der Mouse. Und wenn mir das Buch auf den Boden fällt, ist dies eine weitere Ortsveränderung, diesmal eine solche des Buches. Gleichwohl gibt es auch bei den genannten Beispielen für die Ortsbewegung gewisse Unterschiede. Die erste Ortsveränderung wurde von mir selbst bewirkt; ich selbst war es, der von Freiburg nach Stuttgart fährt, wobei ich freilich ein großes Stück der Strecke - zumindest das Stück, das ich mit dem Zug gefahren bin - bewegt wurde und mich nicht selbst bewegt habe. Die Mouse hingegen wurde von mir bewegt und das Buch, das auf den Boden fiel, hat sich selbst bewegt und zwar in der einzigen Art und Weise, in der es sich bewegen kann, nämlich zur Erdmitte. Gleichwohl sind diese drei Beispiele solche für eine Ortsbewegung. Es gibt aber noch weitere Arten der Bewegung, die wir uns nun etwas genauer ansehen wollen, um dann zu einer Definition des *Wesens* der Bewegung zu kommen, denn die Wesensbestimmung ist die Aufgabe der Philosophie, besonders der Metaphysik. Wir wollen schließlich wissen, *was* etwas ist.

Neben meiner Mouse steht die Tasse Kaffee, aus der ich gelegentlich einen Schluck trinke. Dabei stelle ich die Tasse nicht immer an der gleichen Stelle ab. In diesem Fall ändert sich die Stellung der Kaffeetasse im Verhältnis zur Lage der Mouse. Für die Mouse ist dies eine rein *äußere Veränderung*, denn das einzige, was sich verändert, ist die Stellung der beiden Gegenstände zueinander. Solche Veränderungen geschehen ständig in unserer Umgebung. Der Bus fährt an uns vorüber, meine Frau stellt die Möbel um, und so weiter.

Wenn es eine äußere Veränderung oder Bewegung gibt, dann muss es aber auch eine innere Bewegung geben. Unter einer inneren Bewegung versteht die mittelalterliche Philosophie, die sich in der Tradition des Aristoteles sieht und auch „scholastische Philosophie" genannt wird, jede Veränderung, bei der das Ding sich selbst irgendwie verändert. Dabei gibt es sehr verschiedene Möglichkeiten. Zunächst kann man hier unterscheiden zwischen einer Veränderung, die das ganze Ding betrifft und einer Veränderung, die nur bestimmte Eigenschaften des Dinges betrifft. Wenn Susanne ihre Haare blond färbt, dann ist dies eine Veränderung ihrer Eigenschaften oder besser gesagt, der Eigenschaft ihres Haares, das natürlicherweise braun ist; die Veränderung betrifft die Farbe ihrer Haare und betrifft damit eine Qualität. Wenn Susanne anschließend in die Innenstadt fährt, dann ist auch dies eine Veränderung ihrer Eigenschaften, insofern sie ihren Ort wechselt. Es ist eine Ortsveränderung. In der Innenstadt besucht sie das Treffen der Weight Watchers, denn sie möchte unbedingt abnehmen. Sofern ihr dies gelingt und sie tatsächlich, sagen wir 12 kg, abnimmt, handelt es sich um eine quantitative Veränderung, denn es handelt sich um eine Veränderung ihres Körpers hinsichtlich der Ausdehnung. Diese Veränderung geschieht natürlich nicht plötzlich, von heute auf morgen, sondern stetig.

Alle bisher genannten Veränderungen sind physische Veränderungen. Physisch meint hier, dass es sich dabei um natürliche, also in der Natur vorkommende Veränderungen handelt, die durch natürliche Kräfte hervorgerufen werden, und z.B. auch von Menschen verursacht werden können. Unsere bisherigen Beispiele sind solche für physische, also natürliche und zwar *akzidentelle* Veränderungen. Akzidentelle Veränderungen sind solche Veränderungen, die nicht das ganze Ding als solches betreffen, sondern nur bestimmte äußere Bestimmungen des Dinges, wie die Haarfarbe von Susanne oder ihr Aufenthaltsort oder ihre Körperfülle. Akzidentell meint etwas zum eigentlichen Ding hinzukommendes, etwas, das nicht das Wesen des Dinges betrifft. Susanne bleibt Susanne, ob sie nun blonde oder braune Haare hat, ob sie in der Innenstadt ist oder sich Zuhause aufhält, ob sie 74 kg oder 62 kg wiegt.

Es gibt aber auch *substantielle* physische Veränderungen, das sind solche Veränderungen, die die Substanz eines Dinges, also dieses selbst und als Ganzes betreffen. Susanne isst vermutlich gerne Salat, zumal sie davon ausgeht, dass der Genuss von Salat anstelle von Fleisch dazu führt, dass sie abnimmt. Bei der Verdauung wird nun dieser Salat substantiell verändert, indem er in den Organismus von Susanne umgewandelt wird. Dabei wird der Salat vollständig in seiner Substanz zerstört und weitgehend in Susanne umgewandelt. Man nennt dies deshalb auch sehr treffend, sich etwas „einverleiben". Der Salat hatte zuvor selbst fremde Substanzen wie Mineralstoffe und Wasser in pflanzliche Substanz umgewandelt und sich „einverwandelt". Dies ist ein typisches Kennzeichen von allem Lebendigen, dass es fremde, nicht körpereigene Substanzen in körpereigene Substanz umwandeln kann. Es gibt einfachere Beispiele für substantielle Veränderungen. Wenn eine Mauer zertrümmert wird und die Steine zermahlen werden um anschließend als Beigabe zu anderen Stoffen im Straßenbau verwendet zu werden, dann haben wir auch hier ein Beispiel für eine substantielle Veränderung der Mauer. Bei jeder substantiellen Veränderung wird eine bestimmte Substanz vollständig zerstört und in eine andere Substanz umgewandelt. Substantielle Veränderung ist deshalb immer mit Zugrundegehen und Entstehen verbunden.

Wenn wir von Entstehen und Vergehen reden, dann müssen wir noch eine andere Art der Veränderung nennen, nämlich ein echtes Entstehen, die Erschaffung von etwas und eine echte Vernichtung. Doch dieses Entstehen und Vergehen unterscheidet sich von den zuvor genannten *physischen* Veränderungen dadurch, dass es sich um *metaphysische* Veränderungen handelt. Gemeint ist hier die Schöpfung und Vernichtung. Schöpfung im echten Sinne ist das Entstehen aus Nichts und Vernichtung ist Verschwinden in Nichts. Alles physische Entstehen und Vergehen ist immer eine Umwandlung von etwas bereits Bestehendem in etwas anderes. Echte Schöpfung hingegen ist ein Entstehen aus dem Nichts und so etwas kann nur Gott. Doch darauf werden wir hier zunächst nicht weiter eingehen. Uns interessiert vor allem die physische Veränderung.

Ich habe nun eine Reihe verschiedener Veränderungen, bzw. Bewegungen genannt, die ich in eine bestimmte Ordnung bringen möchte. Dadurch erhalten wir einen Überblick über die verschiedenen Arten der Bewegung und können uns dann daran machen, das Wesen der Bewegung zu definieren.

Die grundlegende Unterscheidung der Bewegungsarten ist die zwischen physischer und metaphysischer Bewegung, die ich zuletzt genannt habe. Metaphysische Veränderung ist Schöpfung und Vernichtung, die katholische Theologie kennt noch eine dritte Art, nämlich die sogenannte Wesensverwandlung oder Transsubstantiation, wie sie bei der Konsekration in der hl. Messe geschieht, in der nach katholischem Glauben die ganze Substanz des Brotes in den Leib Christi, und die ganze Substanz des Weines in das Blut Christi verwandelt wird.

Bei den physischen Bewegungsarten haben wir die substantiellen von der akzidentellen Veränderung unterschieden. Als Beispiel für die substantielle Bewegung hatte ich die Vorgänge bei der Verdauung genannt. Akzidentelle Veränderungen werden eingeteilt nach örtlichen und zeitlichen Veränderungen, sowie quantitativen und qualitativen Veränderungen.

Was ist Bewegung?

Natürlich wissen wir alle längst, was Bewegung, bzw. Veränderung ist. Sonst könnten wir darüber gar nicht so sprechen, wie wir es bisher schon getan haben und verschiedene Veränderungen einteilen. Wie will man etwas einteilen, von dem man nicht weiß, was es ist? Doch wenn Sie nun jemand fragt: „Sagen Sie mal, von was reden Sie denn da, wenn Sie von Bewegung sprechen? Was ist denn Bewegung überhaupt?", dann werden Sie vermutlich nicht gleich auf Anhieb eine zufriedenstellende Definition geben können. Sie werden vielleicht verschiedene Beispiele für Bewegungen nennen, wie wir es ja auch schon getan haben. Dies ist die übliche Situation in der wir uns befinden, bevor wir anfangen, Philosophie zu treiben. Die Philosophie bringt das auf den Begriff, was wir in gewisser Weise schon vorher wussten.

Bei der Suche nach einer Definition der Bewegung müssen wir darauf achten, dass alle genannten Arten der Bewegung dabei erfasst werden. Wenn ich jetzt sagen würde, dass Bewegung der Wechsel eines Ortes von A nach B ist, dann hätte ich damit nur die Ortsbewegung bezeichnet, nicht jedoch die anderen akzidentellen Bewegungen und erst recht nicht die substantielle Bewegung. Die Definition der Bewegung muss alle genannten Arten berücksichtigen. Es gibt zudem verschiedene Arten des Definierens. Was wir hier suchen ist eine *Realdefinition* oder anders gesagt, die Definition des *Wesens* der Bewegung. Das Wesen ist das, *was* etwas ist oder das, wodurch etwas das ist, was es ist. Im folgenden Kapitel wollen wir diese Definition der Bewegung erläutern.

II. Das Wesen der Bewegung

Eine Definition der Bewegung

Natürlich gibt es schon verschiedene Definitionen der Bewegung in der überlieferten Philosophie und wir müssen keine neue erfinden. Die vermutlich bekannteste Definition stammt von Aristoteles. Sie lautet: „Bewegung (Veränderung) ist die Aktualisierung eines in Potenz Seienden insofern es in Potenz ist". Diese Definition ist allerdings alles andere als gut verständlich. Deshalb werden wir uns allmählich zu einem Verständnis dieses Satzes hinarbeiten.

Zunächst sei noch einmal betont, dass wir hier von der physischen Veränderung bzw. Bewegung reden. Die metaphysische Veränderung, also Schöpfung und Vernichtung wird uns im Folgenden nicht weiter beschäftigen. Bei der physischen Veränderung, deren verschiedene Arten wir schon im vorherigen Kapitel kennengelernt haben, handelt es sich immer um einen Übergang, und zwar um einen Übergang von einem Zustand in einen anderen Zustand.

Sofern es sich um Veränderung handelt, kann jedes materielle Ding grundsätzlich in drei verschiedenen Zuständen sein. Nehmen wir ein einfaches Beispiel: Ich möchte von Freiburg nach Stuttgart reisen. Solange ich in Freiburg in meiner Wohnung sitze und z.B. den Fahrplan der Bahn nach Stuttgart studiere, befinde ich mich in einem Zustand, in dem es mir möglich ist, nach Stuttgart zu reisen. In diesem Zustand ist die Reise nach Stuttgart, bzw. die Ankunft und das Sein in Stuttgart nur der Möglichkeit nach vorhanden, aber nicht wirklich. Der andere Zustand ist der, in dem ich tatsächlich in Stuttgart angekommen bin. Jetzt bin ich wirklich in Stuttgart. Der Zustand, der in Freiburg nur der Möglichkeit nach bestand, ist jetzt, in Stuttgart angekommen, verwirklicht. Der dritte Zustand ist nun der, bei dem ich auf dem Weg nach Stuttgart bin, also nachdem ich mich von Zuhause in Freiburg aufgemacht habe in Richtung Bahnhof und dann dort angekommen, in den Zug nach

Stuttgart eingestiegen bin, und dann mit dem Zug mich mehr und mehr dem Ziel meiner Reise genähert habe. Während der ganzen Zeit, in der ich dann auf dem Weg nach Stuttgart bin, wird der zuvor in Freiburg beim Studium der Fahrpläne nur mögliche Aufenthalt in Stuttgart immer wirklicher. Dieser Übergang von Freiburg nach Stuttgart ist der Zustand der Veränderung, der Bewegung.

Nun, ich glaube, das ist jedem Nicht-Philosophen einleuchtend und trifft in etwa das, was wir uns immer schon gedacht haben, wenn wir über Bewegung bzw. Veränderung nachgedacht und geredet haben. Philosophen sind hier oft anderer Meinung, wie wir gleich sehen werden. Wenn wir diese Überlegungen nun in einer ersten Definition zusammenfassen, dann können wir sagen: *Bewegung ist der Übergang von einem Zustand zu einem anderen Zustand.* Wir können diese Definition anwenden auf die verschieden Arten der Bewegung und werden feststellen, dass er alle Arten zutreffend erfasst. Das soeben verwendete Beispiel ist ein solches der Ortsbewegung. Als Beispiel einer qualitativen Bewegung hatten wir die Veränderung der Haarfarbe von Susanne verwendet. Im Zustand vor der Haarfärbung, wo ihre Haare also braun sind, hat Susanne nur die Möglichkeit, dass ihre Haare blond sind. Nachdem sie diese Tönung durchgeführt hat, sind die Haare tatsächlich blond und die zuvor bestehende Möglichkeit ist verwirklicht. Doch während des Vorgangs der Haarfärbung, wenn sie die Haare nass macht und die Tönung aufträgt und so weiter, geschieht die Veränderung, der Übergang vom ersten Zustand, den braunen Haaren, zum letzten Zustand, den blonden Haaren. Das Gleiche trifft auch auf die quantitative Veränderung zu, wenn Susanne im Zustand von 74 kg beginnt abzunehmen mit dem Ziel, 62 kg zu erreichen, die sie, sagen wir, nach etwa einem Jahr erreicht.

Dass Bewegung der Übergang von einem Zustand zu einem anderen Zustand ist, trifft selbst auf die substantielle Veränderung zu, wobei in diesem Fall die Veränderung über die Vernichtung des ersten Zustandes geht. Bei der Verdauung wird der von Susanne aufgenommene Salat vollständig aufgelöst und in die körpereigene

Materie Susannes verwandelt. Dazu hat der Salat die Möglichkeit und er enthält diese Möglichkeit, bevor Susanne ihn gegessen hat. Ein Stein beispielsweise hat diese Möglichkeit nicht; er wird sich nie in körpereigene Materie von Susanne auflösen. Der Zustand der Möglichkeit, in dem sich etwas befindet, bevor er in Wirklichkeit überführt wird, ist immer eine reale Möglichkeit. Wie gesagt hat ein Stein nicht die Möglichkeit einer substantiellen Veränderung wie sie der Salat hat. Es gibt zahlreiche unverdauliche Dinge, die deshalb nicht einer substantiellen Veränderung durch Verdauung fähig sind.

Wir kommen damit zu dem Ergebnis, dass Veränderung, bzw. Bewegung der Übergang von einem Zustand zu einem anderen Zustand ist. Dieser Übergang selbst ist die Bewegung, weder der Zustand vor der Veränderung noch der Zustand nach der Veränderung. Damit haben wir aber eine erste Definition der Bewegung gefunden. Wir werden später noch sehen, dass sich diese Definition gar nicht so sehr von der Definition unterscheidet, die Aristoteles gegeben hat, auch wenn unsere bisherige Definition noch unvollständig ist.

Nun ist unsere Definition keine physikalische. Unsere Definition ist eine Wesensdefinition; sie sagt für jede Art der Bewegung, *was* diese ist. Und diese Definition gilt auch für die Physik. Sie gilt für Veränderungen und Bewegungen in jeder Hinsicht. Geschichtliche Veränderungen sind Übergänge von möglichen historischen Zuständen zu wirklichen historischen Zuständen, gesellschaftliche Veränderungen, wie sie die Sozialwissenschaften untersuchen, sind ebenso Übergänge von bestimmten gesellschaftlichen Konstellationen, die bestimmte Möglichkeiten in sich bergen, zu anderen gesellschaftlichen Konstellationen, in denen diese Möglichkeiten verwirklicht sind. Und das gilt auch für biologische und psychische Zustände im Leben von Menschen und Tieren.

Denken Sie ruhig weiter über diese Definition der Veränderung nach. Jeden Tag erleben wir Veränderungen, die sich zur Prüfung unserer Definition anbieten. Sie werden feststellen, dass die Definition der Veränderung als eines Übergangs von einem Zustand zu einem anderen Zustand immer zutrifft.

Doch gibt es gleichwohl Einwände gegen unsere Definition. Es gibt zahlreiche Philosophen, nicht nur heute, sondern auch in der Vergangenheit, die unsere Definition der Veränderung oder Bewegung rundweg ablehnen. Diese Einwände wollen wir hier nicht außer Acht lassen und zumindest die wichtigsten erörtern.

Der bekannteste Einwand ist der, den wir schon früher angedeutet haben, und der von Parmenides stammt. Nun bestreiten die Philosophen, die sich heute auf Parmenides berufen, nicht dass es Veränderung gibt. Doch das zentrale Argument des Parmenides wird auch von ihnen gegen unsere Analyse, die auf Aristoteles und Thomas von Aquin zurückgeht, ins Feld geführt.

Das parmenideische Argument ist auf den ersten Blick wirklich einleuchtend. Parmenides geht von der ganz zutreffenden Feststellung aus, dass das Sein *ist* und das Nichts *nicht ist*. Weiter behauptet er, ebenfalls ganz zutreffend, dass aus Nichts nicht etwas werden kann. Wenn also etwas existiert, dann kann es nicht durch Nichts verursacht worden sein, sondern es muss immer existiert haben. Folglich kann nichts Neues entstehen und Veränderung ist unmöglich. Veränderung bedeutet ja, dass etwas, was noch nicht existiert, irgendwann existiert. Während die beiden Prämissen durchaus zutreffend sind, erscheint uns die Schlussfolgerung falsch. Wie kann das sein?

Aristoteles, der später als Parmenides lebte, antwortete auf das Argument folgendermaßen: Während es durchaus richtig ist, dass etwas nicht aus Nichts entstehen kann, ist es nicht zutreffend, dass nur das Nichts, bzw. das Nichtexistierende die einzige Quelle der

Veränderung sein kann. Es gibt nach Aristoteles etwas, das nicht Nichts ist und dennoch nicht wirklich existiert, das es aber gleichwohl gibt. Um diesen Gedanken zu verstehen, greifen wir auf eines unserer Beispiele zurück. Wenn ich in Freiburg bin, dann bin ich nicht in Stuttgart. Doch das „Nicht-in-Stuttgart-Sein" ist nicht Nichts. In Stuttgart zu sein besteht nämlich der Möglichkeit nach, d.h. ich habe die Möglichkeit nach Stuttgart zu fahren um dann wirklich in Stuttgart zu sein. Diese Möglichkeit ist durchaus *etwas*, wenn auch nicht etwas, das bereits wirklich ist.

Aristoteles behauptet also - und ich glaube er hat damit Recht -, dass dieses Möglichsein eine eigene Weise von Sein ist. Nicht alles, was es gibt, ist wirklich, manches ist nur möglich, aber nicht möglich in einem allgemeinen Sinne, nachdem alles irgendwie möglich ist, sondern ganz konkret möglich, wie meine Möglichkeit von Freiburg nach Stuttgart zu kommen. Möglichsein ist nicht Nichts, aber auch nicht dasselbe wie Wirklichsein. Thomas von Aquin und viele andere Philosophen der mittelalterlichen scholastischen Philosophie stimmen ihm darin zu. Sie nennen dieses Möglichsein *Potentialität*, während sie das Wirklichsein von etwas als *Aktualität* bezeichnen. Aktualität und Potentialität sind zwei verschiedene *Seinsweisen*, Weisen, *wie* etwas *ist*.

Mit der Unterscheidung dessen, was es gibt, also des Seins, in Aktualität und Potentialität, konnte Aristoteles Parmenides und seine Auffassung widerlegen. Neuere Philosophen haben dennoch Aristoteles und seinen Anhängern widersprochen, indem sie behaupteten, es könne keine Seinsweisen geben. Sie behaupten, dass etwas entweder ist oder nicht ist, dass etwas existiert oder nicht existiert und dass es keinen „Zwischenzustand" zwischen Existenz und Nichtexistenz gibt, so wenig wie man ein bisschen schwanger sein kann. Wenn dies richtig ist, dann gilt allerdings weiterhin das Argument des Parmenides. Nun wollen diese Philosophen keineswegs die Tatsache der Veränderung und Bewegung bestreiten, wie Parmenides dies getan hat und müssen folglich diese Tatsache auf eine andere Art und Weise erklären als durch die Verwirklichung einer Möglichkeit im Sinne des Aristoteles.

Die Auffassung, dass etwas entweder existiert oder nicht existiert, dass es wirklich ist oder überhaupt nicht ist, nennt man auch *Aktualismus*. Der Aktualismus behauptet also kurz gesagt, dass alles, was es gibt, wirklich ist, dass es keine Seinsweisen gibt. Eine Veränderung oder Bewegung kann dann nicht der Übergang von etwas Möglichem zu etwas Wirklichem sein, denn etwas „Mögliches" in diesem Sinne existiert nicht.

Deshalb bestreitet der Aktualist auch, dass Veränderung überhaupt ein Übergang ist. Jede Veränderung oder Bewegung ist demnach ein Sprung von einem aktuellen Zustand in einen anderen aktuellen Zustand, wobei die beiden Zustände durch eine zeitliche Beziehung miteinander verbunden sind, z.B. die Beziehung „ist früher als", die den Zustand A mit dem Zustand B verbindet. Diese Theorie ist ziemlich kompliziert und deshalb soll sie hier nur angedeutet werden. Jedenfalls ist diese Erklärung der Veränderung nicht gerade unmittelbar einleuchtend und entspricht nicht unseren gewöhnlichen Intuitionen. Allerdings ist dies kein Argument gegen die aktualistische Auffassung der Veränderung, aber zumindest kann man sagen, dass die zuvor dargestellte Theorie, die auf Aristoteles und Thomas von Aquin zurückgeht, einleuchtender ist und dem „gesunden Menschenverstand" besser entspricht.

Es gibt aber auch Missverständnisse in Bezug auf die Theorie, dass jede Veränderung bzw. jede Bewegung ein Übergang von einem Zustand, in dem etwas nur möglich ist, zu einem Zustand, in dem es wirklich bzw. verwirklicht ist. In der modernen analytischen Philosophie, die heute weltweit die führende Richtung in der Philosophie darstellt, gab es und gibt es immer noch zumindest die Tendenz, Philosophie durch mathematische Logik zu ersetzen. Dies kann dazu führen, dass man den Begriff der Möglichkeit oder besser der Potentialität im Sinne der Logik missversteht. In einem logischen Sinne ist die Möglichkeit eine ‚bloße Möglichkeit', so wie in

20

dem Werbeslogan von Toyota, „Nichts ist unmöglich". Im logischen Sinne ist alles möglich, was nicht den Gesetzen der Logik widerspricht. Deshalb ist es durchaus möglich, dass ich von Freiburg zum Planeten Jupiter fliege und eine halbe Stunde später in Stuttgart ankomme. Doch ist dies keine *reale Möglichkeit* in dem Sinne, wie wir von Möglichkeiten oder Potentialität sprechen. In diesem realen Sinne ist es nicht möglich, dass ich zum Jupiter fliege, es ist aber durchaus möglich, dass ich von Freiburg nach Stuttgart fahre. Bei der Potentialität handelt es sich immer um reale Möglichkeiten, die im Wesen der Dinge selbst liegen und jedes Ding hat ganz bestimmte und begrenzte Möglichkeiten. Diese Begrenzung der Möglichkeiten wird nicht nur durch die Logik gegeben, sondern durch das Wesen der Dinge selbst. Für die Schwarzwaldfichte gibt es nicht die Möglichkeit nach Stuttgart zu kommen, denn sie verfügt über keine Eigenbewegung. Ihr fehlt diese Potentialität nicht einmal, denn die Ortsbewegung gehört nicht zu ihren Möglichkeiten. Fehlen würde diese Möglichkeit nur dann, wenn ein Wesen grundsätzlich zur Eigenbewegung in der Lage ist, aber durch äußere oder innere Hindernisse dazu aktuell nicht in der Lage ist.

Wir wissen nun genug, um uns der Theorie zuzuwenden, um die es hier vor allem geht, nämlich der sogenannten *Akt-Potenz-Theorie*. Diese Theorie ist die Grundlage der gesamten scholastischen Philosophie des Mittelalters, sie stammt aber ursprünglich von Aristoteles und wurde im Mittelalter, vor allem von Thomas von Aquin, zu Ende gedacht. Auch wenn diese Theorie schon sehr alt ist, so heißt dies nicht, dass sie deshalb überholt ist. Wir haben bereits gesehen, wie einfach und klar diese Theorie angewandt werden kann, zum Beispiel zur Erklärung der Veränderung. Die Akt-Potenz-Theorie ist heute genauso gültig, wie sie es zur Zeit des Aristoteles und im Mittelalter war, und sie lässt sich, glaube ich, gegen die modernen Einwände gut verteidigen.

Akt und Potenz

Die Dinge sind begrenzt

Die materiellen Dinge verändern sich nicht nur, sie sind auch begrenzt und endlich. Ein Haus ist kein Fahrzeug, sondern ein Haus. Alle Dinge sind bestimmt, sie haben bestimmte Eigenschaften, Charakteristika, bestimmte Fähigkeiten und andere nicht. Jegliches ist das, was es ist und nichts anderes, und zugleich kann es sich verändern, aber eben nur in einem begrenzten Umfang. Es gibt nicht nur drei Arten der Bewegung, sondern auch drei grundsätzlich verschiedene Arten der Begrenzung: Alle materiellen Dinge sind zunächst räumlich und zeitlich begrenzt. Sie nehmen einen bestimmten Raum ein und zwar genau diesen, und sie stehen zu anderen materiellen Dinge in bestimmten räumlichen Beziehungen. Auch sind die materiellen Dinge zeitlich begrenzt. Sie haben einen bestimmten Anfang in der Zeit, eine bestimmte Dauer und ein zeitliches Ende, nachdem sie nicht mehr sind. Eine weitere Art der Begrenzung ist die hinsichtlich der Eigenschaften. Jedes Ding hat ganz bestimmte Eigenschaften und andere nicht. Das Gleiche gilt für die dritte Art der Begrenzung, nämlich die Begrenzung hinsichtlich der Fähigkeiten und Vermögen eines Dinges. Wie schon gesagt, kann eine Schwarzwaldfichte nicht fahren oder fliegen, und aus Wasser lässt sich kein Haus bauen.

Was aber ist die Ursache der Begrenzung? Das ist nicht nur die Frage, warum etwas zu diesem oder jenem nicht in der Lage ist, sondern warum die Dinge unserer Umwelt und natürlich auch wir selbst *überhaupt* begrenzt sind? Eine Antwort auf diese Frage ist gar nicht so einfach. Freilich gibt es bestimmte physikalische Gesetze, die eine gewisse Erklärung für die Begrenztheit der Dinge geben, doch diese Gesetze beschreiben die Begrenzung eher als dass sie die Ursache und vor allem das *Wesen* der Begrenzung nennen. Die Philosophie stellt nun die Frage nach der *Ursache* und dem *Wesen* dieser Begrenzungen, und zwar nicht nur die Frage nach der Begrenztheit dieses oder jenes Dinges oder dieser und jener Art von Dingen, sondern grundsätzlich nach der Ursache in den Dingen selbst, durch die sie endlich und begrenzt sind.

Dinge sind komplex

Die Antwort auf diese Frage lautet: Die Ursache dieser Begrenztheit liegt in der Zusammengesetztheit der Dinge. Alle materiellen Dinge sind zusammengesetzt. Zusammensetzung meint hier nicht in erster Linie, dass die Dinge bestimmte Teile haben, so wie wir Menschen und auch andere Lebewesen verschiedene Organe besitzen – einen Kopf, ein Herz, eine Leber usw. – sondern es ist die Ursache auch für diese Teile, was mit der Zusammengesetztheit der Dinge gemeint ist und was hier in Frage steht.

Aristoteles und die ihm folgenden Philosophen des Mittelalters, so auch Thomas von Aquin, behaupten, dass alle Dinge aus *Akt und Potenz* zusammengesetzt sind. Akt und Potenz sind aber keine Teile eines Dinges, wie die Organe des Menschen oder die Teile, aus denen ein Stuhl besteht. Deshalb kann man Akt und Potenz auch nicht sehen oder in anderer Weise wahrnehmen. Es handelt sich um Grundprinzipien der Dinge, um theoretische, *metaphysische Prinzipien*, mit deren Hilfe die Zusammengesetztheit der Dinge erklärt werden kann. Natürlich sind diese Prinzipien nicht aus der Luft gegriffen, sondern sie beruhen auf der tatsächlichen Beobachtung der Dinge, doch werden sie gewonnen durch Abstraktion von dem, was wahrnehmbar ist. Akt und Potenz sind nicht zwei Dinge, wie Haus und Baum, sondern es sind *Prinzipien, Ursachen* im Aufbau der Dinge. Dabei können beide Prinzipien nicht unabhängig voneinander verstanden werden. Man kann nicht zunächst eine Definition des Aktes geben und dann eine solche der Potenz oder umgekehrt, sondern beide erklären sich nur gegenseitig, im Verhältnis zueinander. Zudem sind diese Grundprinzipien der (aristotelisch-scholastischen) Philosophie überhaupt nicht definierbar, weil sie nicht zu einer bestimmten Art oder Gattung gehören, sondern alle Arten und Gattungen, alles was es gibt, übersteigen. Zu einer Definition, zumindest zu einer Realdefinition, gehört die Feststellung der Art oder Gattung und des spezifischen Unterschieds. Akt und Potenz übersteigen alle Gattungen und Arten, da sie sich in allen Dingen und auch in allen Vorgängen, Tätigkeiten, Bewegungen und Veränderungen wiederfinden.

Unter einem Prinzip versteht man in der Philosophie „das, woher etwas ist, wird oder erkannt wird", wie Aristoteles in seiner „Metaphysik" sagt. Das Wort „Prinzip" bedeutet so viel wie Anfang. Alles, was entsteht, setzt irgendetwas voraus, aus dem es wird oder geworden ist. Dies, was einem gewordenen Ding vorausgeht, nennt man im weitesten Sinne ein Prinzip, eben den Anfang oder den Ursprung der Sache. Ein Prinzip kann dabei durchaus auch selbst wieder einen Anfang haben, d.h. aus einem anderen Prinzip hervorgegangen sein. Damit etwas ein Prinzip ist, genügt es, dass etwas aus ihm hervorgeht. Die Eltern sind z.B. das Prinzip der ihnen folgenden Kinder und Enkel. Doch sind die Eltern selbst wieder von ihren Eltern geboren worden. Wir werden im Weiteren häufiger von Prinzipien reden und dafür sollte man diese Bestimmung in Erinnerung behalten. Akt und Potenz sind nun in diesem Sinne Prinzipien, da die Dinge aus ihnen bestehen; Akt und Potenz gehen jedem Ding „vorher", wobei dieses „vorher" nicht zeitlich gemeint ist. Das Ding, jedes Ding in unserer Welt, ist aus Akt und Potenz zusammengesetzt und deshalb werden Akt und Potenz Prinzipien der Dinge genannt.

Kastanie und Kastanienbaum

Schön und gut, werden Sie sagen, aber was sind denn nun Akt und Potenz? Wir haben bereits einiges über Akt und Potenz kennengelernt, als wir über Möglichkeit und Wirklichkeit gesprochen haben, ohne dass ich bisher die Worte „Akt" und „Potenz" häufiger gebraucht habe. Um die Bedeutung der Begriffe Akt und Potenz deutlich zu machen, werde ich zwei verschiedene Beispiele verwenden.

Im Herbst fallen im Park in der Nähe meiner Wohnung die Kastanien vom Baum. Gelegentlich sieht man Kinder, die diese Kastanien sammeln, vielleicht um damit zu basteln. In meiner Kindheit war dies jedenfalls üblich; mit Streichhölzern und Kastanien konnte man kleine Kastanienmännchen basteln. Nun, eine solche Kastanie ist natürlich etwas Wirkliches. Es ist der *Akt*, der der Kastanie diese Wirklichkeit gibt. Dies nämlich ist mit Akt gemeint: dasjenige, durch das etwas wirklich ist, durch das es „aktual" ist. Der Akt eines Dinges ist die Ursache der Wirklichkeit des Dinges. Hätte ein Ding aber nur einen Akt, dann wäre es nicht begrenzt, dann wäre es reine Wirklichkeit und es wäre auch unbegrenzt, ja sogar ewig, und es wäre auch nicht materiell, denn die Materie ist eine Begrenzung. Weshalb die Materie ein Ding begrenzt, werden wir später genauer erklären, aber so viel ist offensichtlich: ein materielles Ding ist räumlich und durch den Raum, den es einnimmt, begrenzt. Ein reiner Akt, ohne jede Begrenzung, das ist es, was die Philosophen Gott nennen. Gott ist unbegrenzte, reine Wirklichkeit, reiner Akt. Nun ist die Kastanie aber sehr begrenzt und diese Begrenzung wird verursacht durch die Potenz. Der Akt wird durch die Potenz begrenzt, die Verbindung des Aktes mit der Potenz ist gewissermaßen die Ursache dafür, dass die Kastanie eine Kastanie ist und nicht Gott.

Im Vergleich zum Akt ist die Potenz nicht wirklich. Dennoch ist die Potenz nicht nichts. Während der Akt das Prinzip der Wirklichkeit ist, ist die Potenz das Prinzip der Möglichkeit. Mit Blick auf unsere Kastanie ist diese ein möglicher, potentieller Kastanienbaum. Doch der Kastanienbaum ist noch nicht wirklich, er ist nur der Möglichkeit nach in der Kastanie vorhanden, die Kastanie ist der Möglichkeit nach ein Kastanienbaum. Der Akt ist die Verwirklichung dieser Potenz. Durch den Akt wird die Potenz verwirklicht und am Ende dieser Verwirklichung, die man „Aktualisierung" nennen kann, steht der volle Kastanienbaum.

Die Potenz ist also nicht nichts, sondern eine reale Bestimmung aller materiellen Dinge, auch des Menschen, und insofern existiert sie tatsächlich irgendwie, wenn auch nicht für sich, ohne Akt. Auch ist die Potenz kein bloßes Nichtvorhandensein einer Bestimmung. Die Potenz einer Sache ist nämlich stets genau bestimmt. Aus der Potenz der Kastanie wird nie eine Eiche oder ein Hund. Die Potenz der Kastanie ist bestimmt zum Kastanienbaum und allem, was dazu gehört. Der Kastanie „fehlt" gewissermaßen die Potenz zur Eiche oder zum Hund. Sie hat aber die Potenz zum Kastanienbaum. Insofern ist die Potenz durchaus real und gehört deshalb zum Bereich dessen, was es gibt, zum Sein, wie die Philosophen sagen. Freilich ist die Potenz in Bezug zum Akt oder der Verwirklichung nicht wirklich, ein Nichtsein. Die Potenz ist eben die *Potenz* zur Verwirk-

lichung, und diese kann durch bestimmte Ursachen, die wiederum
Akte sind, aktualisiert werden.

Michelangelos „David"

Man kann sich das Verhältnis von Potenz und Akt auch am Beispiel
eines vom Menschen geschaffenen Dinges verdeutlichen. Sicher
kennen Sie den „David" von Michelangelo, eines der großartigsten
Kunstwerke der bildenden Kunst. Wenn Sie ihn noch nicht im Ori-
ginal gesehen haben, so kennen Sie bestimmt Photographien oder
Filmaufnahmen. Bevor Michelangelo den David gemacht hat, gab
es nur einen sehr schönen weißen Marmorblock. Michelangelo
selbst soll gesagt haben, er sehe im Marmorblock die fertige Skulptur. Der Marmorblock ist der Potenz nach eine fertige Skulptur, ein
„David". Wirklich, aktual ist er aber nur ein Marmorblock. Der
Künstler, Michelangelo, hat diese im Marmorblock liegende Potenz
verwirklicht und damit diese Potenz aktualisiert. Es gibt sicherlich
zahlreiche andere Materialien, die ebenfalls die Potenz zur Skulptur haben – verschiedene Hölzer, andere Steinarten –, doch nicht
alle Materialien haben diese Potenz. Wasser z.B. hat nicht die Potenz, eine David-Skulptur zu werden. Die Potenz ist also so etwas
wie eine reale Anlage in den Dingen, die durch eine äußere Ursache, der selbst ein Akt ist, realisiert, verwirklicht wird.

Missverständnisse über Akt und Potenz

Wir haben schon zuvor gesagt, dass die Potenz keine logische Möglichkeit ist. In Anwendung der mathematischen Logik sprechen
analytische Philosophen gerne von „möglichen Welten". Eine mögliche Welt in diesem Sinne ist eine Welt, in der etwas, was in dieser
Welt nicht wirklich ist, verwirklicht ist. So kann man sich eine
mögliche Welt denken, in der aus Kastanien Autoreifen werden.
Das ist natürlich Unsinn, aber im logischen Sinne ist dies durchaus
„möglich", da logisch-möglich nichts anderes besagt, als den logischen Gesetzen nicht widersprechend. Ein solches wichtiges logi-
sches Gesetz ist das Gesetz der Widerspruchsfreiheit. Für Aristoteles ist das nicht nur das oberste logische Gesetz, sondern auch das
höchste metaphysische Gesetz. Das Gesetz besagt, in klassisch-
logischer Formulierung bei Aristoteles, dass man von etwas nicht

zugleich etwas bejahend und verneinend aussagen kann, zumindest nicht in ein und derselben Hinsicht. Was diesem Gesetz nicht widerspricht, ist logisch möglich. Doch diese Möglichkeit ist nicht das, was die Potenz ist. Die Potenz ist durchaus etwas Reales, wie die Kastanie wirklich ein potentieller Kastanienbaum ist, während die „mögliche Welt" im Sinne der Logik etwas Gedachtes ist, das nicht real ist.

Ein anderes Missverständnis muss auch noch ausgeräumt werden. Die Potenz ist kein unvollendeter Akt. In diesem Sinne könnte man die Potenz als den ersten Anfang des Aktes missverstehen, so als ob die Kastanie der Anfang des Kastanienbaums wäre, oder der Marmorblock der Anfang von Michelangelos „David". Die Potenz der Kastanie zum Kastanienbaum ist nicht selbst ein Teil des ausgewachsenen Kastanienbaums. Dann wäre die Potenz ein Teil oder Bestandteil eines materiellen Körpers. Wir sagten schon, dass Akt und Potenz *Prinzipien* und nicht Teile von Dingen sind. Die „Anlage" des Marmors zur Skulptur ist nicht selbst ein Teil der Skulptur. Die Potenz ist, anders gesagt, auch vom Akt real verschieden, wenn auch beide – Potenz und Akt – nur in Bezug zueinander erkennbar sind. Zudem gilt, dass es keine Potenz ohne entsprechenden Akt geben kann, allerdings kann es einen Akt ohne Potenz geben, nämlich einen reinen, vollkommenen, unbegrenzten Akt, „und den nennen alle Gott", wie Thomas von Aquin stets seine fünf Gottesbeweise abschließt. Die Kastanie ist im Akt, und als aktuale Kastanie hat sie die Potenz zum Kastanienbaum. Doch bewirkt nicht die Kastanie, dass aus ihr ein Baum wird. Dann wäre die Potenz der Kastanie, wie gesagt, ein Teil des Aktes. Doch so ist es nicht. Akt und Potenz der Kastanie sind real verschieden. Der Akt der Kastanie ist das, wodurch die Kastanie als solche wirklich ist. Die Potenz der Kastanie ist das, was aus der Kastanie werden kann, und diese Potenz muss aktualisiert werden. Weder kann die Potenz sich selbst aktualisieren, noch aktualisiert sich die Kastanie selbst. Zur Aktualisierung der Potenz der Kastanie bedarf es eines anderen, äußeren Aktes als Ursache. Nur etwas, das wirklich ist, das mit anderen Worten im Akt ist, kann eine Potenz aktualisieren. Bei der Kastanie sind dies z.B. Flüssigkeit, Sonne, Erde usw. Beim Marmorblock ist es der Künstler; er ist die Ursache, der die im Marmorblock liegende Potenz zum „David" aktualisiert.

Wenn wir uns nun an das in den Kapiteln zuvor Gesagte erinnern, wo wir über Bewegung bzw. Veränderung nachgedacht haben, dann können wir dies mit dem jetzt über Akt und Potenz Gesagte in einen Zusammenhang bringen. Die Veränderung ist, so wurde gesagt, der Übergang von einem Zustand zu einem anderen Zustand. Sobald ich mich auf den Weg von Freiburg nach Stuttgart mache, beginnt die Veränderung, in diesem Beispiel eine räumliche Veränderung.

Dieser Übergang wurde als die Verwirklichung einer Möglichkeit beschrieben. Zu Beginn des letzten Kapitels hatten wir die aristotelische Definition der Bewegung bzw. Veränderung genannt. Sie lautete: „Bewegung (Veränderung) ist die Aktualisierung eines in Potenz Seienden, insofern es in Potenz ist". Diese zunächst unverständliche Definition wird jetzt verständlicher. Der Ausgangszustand der Veränderung ist das „in Potenz sein" eines Dinges, eines Seienden, der Zustand also, bei dem etwas der Möglichkeit nach auf einen anderen Zustand gerichtet ist, z.B. wenn ich in Freiburg bin und mich auf den Weg mache, nach Stuttgart zu fahren. Diese Möglichkeit, eben die Potenz, wird aktualisiert, wenn ich mich auf den Weg mache, um nach Stuttgart zu gelangen. Erst dann und genau dann, wenn ich mich auf den Weg nach Stuttgart mache, geschieht die Veränderung, die „Aktualisierung eines in Potenz Seienden". Der in Potenz Seiende bin in diesem Fall ich selbst, und zugleich bin ich es, der diese Potenz aktualisiert, denn ich bin die Ursache dafür, dass ich mich auf den Weg nach Stuttgart mache. Mit Beginn der Reise nach Stuttgart wird diese Potenz aktualisiert und hört auf, eine Potenz zu sein, und in Stuttgart angekommen ist sie vollständig aktual, d.h. die Möglichkeit ist verwirklicht. Damit hört die Bewegung auf, zumindest diese Bewegung. Der Übergang von einem Zustand in einen anderen Zustand, den wir als Wesen der Bewegung definiert hatten, ist der Übergang von der Potenz in den Akt. Dieser Übergang wird selbst durch einen anderen Akt, durch eine wirkliche, aktuale Ursache verursacht. Am Beispiel der David-Skulptur Michelangelos bedeutet dies, dass die Skulptur sich nicht selbst verwirklicht, sondern dass sie durch den Künstler als die äußere Ursache verwirklicht wird. Die Skulptur ist das in Potenz Seiende, das durch Michelangelo aktualisiert wird und am Ende dieser Bewegung steht die fertige David-Skulptur.

Das Wort „Akt" stammt aus dem lateinischen *actus, agere*, was so viel bedeutet wie eine wirkliche Tätigkeit, ein Wirken. Wir sind, solange wir leben, immer in Tätigkeit. Selbst wenn wir schlafen, sind wir „tätig", in diesem weiten Sinne des Wortes, wie es von den Philosophen verwendet wird, wir sind dann nämlich tätig, indem wir schlafen. Während des Tages gehen wir zahlreichen und unterschiedlichen Tätigkeiten nach. Unser ganzes Leben ist somit erfüllt vom Tun. Nach Auffassung des Aristoteles finden alle Dinge ihre letzte Vollendung und Erfüllung im Tätigsein, in einem Wirken. Dies gilt nicht nur vom Menschen, sondern von allen Dingen. Dabei entspringt jedes Wirken, jede Tätigkeit aus dem Wesen des Dinges, d.h. die Tätigkeit ist dem jeweilig Tätigen angemessen. Für einen Vogel ist der Nestbau eine angemessene Tätigkeit, d.h. eine solche, die aus seinem Wesen als Vogel folgt. Für eine Katze ist hingegen der Nestbau nicht angemessen, der Nestbau gehört nicht zu den Tätigkeiten, die aus dem Wesen der Katze folgen. Für den Menschen ist das Sprechen eine Tätigkeit, die aus seinem Wesen als vernunftbegabtes Sinneswesen folgt. Diesen Zusammenhang zwischen dem Wesen einer Sache und der Tätigkeit, nennt man auch die *wirkliche Wesenheit* eines Aktes. Dieser Akt der Wesenheit wird in der Scholastik auch als *Natur* bezeichnet, so wie man von der „Natur einer Sache" spricht. Natur meint hier nicht die uns umgebende natürliche Umwelt aus Bergen und Tälern, die Erde auf der wir gehen, die Pflanzen und Tiere, sondern das *Prinzip der Tätigkeit eines Seienden*. Aber auch die Existenz selbst wird als Akt verstanden. Unter Existenz versteht man hier, *dass* etwas ist, im Unterschied zu dem, *was* etwas ist. Man kann sich ja zum Beispiel ein fliegendes Pferd vorstellen und genau beschreiben, wie es aussieht, also *was* es ist. Doch damit ist noch nicht gesagt, *dass* es ist, und wir wissen, dass es fliegende Pferde nur in der Mythologie gibt und nicht im wirklichen Leben. Auch wissen wir aus der Geschichte vom römischen Kaiser Cäsar, doch Cäsar, der römische Kaiser, ist nicht mehr wirklich, er existiert nicht mehr. Dennoch kennen wir einiges über sein Wesen und seine Tätigkeiten; wir wissen z.B., dass er auf seinen Eroberungszügen den Rubikon überquerte. Wir wissen also, dass Cäsar so und so gewesen ist, – die Philosophen nennen das auch das Sosein – doch wir wissen auch, dass Cäsar nicht mehr wirklich ist, dass er nicht existiert oder in philosophischer Terminologie gesagt, dass er nicht im Akt ist. Damit etwas wirklich ist, muss es existieren und dies ist die dritte Art wie man vom Akt spricht. Wir haben damit die drei verschiedenen Aktarten beschrieben:

(a) Akt als Tätigkeit
(b) Akt als Wesenheit
(c) Akt als Existenz

Es handelt sich dabei nicht um verschiedene Akte, sondern um unterschiedliche Arten ein und desselben Aktes. Der Akt bezeichnet immer eine Wirklichkeit, ein Ding, das wirklich existiert, befindet sich „im Akt" und als solches ist das Ding in irgendeiner Weise tätig. Selbst ein Stein, der am Weg liegt ist insofern tätig, als er einen Widerstand leistet, wenn ich mit meinem Fuß dagegen stoße. Dass dieser Stein wirklich ist besagt, dass er existiert und ein Wesen oder ein Sosein hat, nämlich dass es sich dabei um einen Stein handelt.

Potenzen

Auch über die Potenz kann man noch einiges sagen. Wie wir schon ganz zu Beginn deutlich zu machen versucht haben, sind die Begriffe Akt und Potenz relative Begriffe, d.h. sie lassen sich nur in Bezug aufeinander bestimmen. Was der Akt ist, kann man nicht ohne Bezugnahme auf die Potenz sagen und umgekehrt. Ganz allgemein lässt sich sagen, dass die Potenz die Fähigkeit oder das Vermögen zu einem Akt ist, oder anders und in üblichem Sprachgebrauch gesagt, ist die Möglichkeit immer nur dann eine echte Möglichkeit, insofern sie das Vermögen zu einer Wirklichkeit ist. Dies unterscheidet die reale Möglichkeit von der bloß logischen Möglichkeit. Weil dem so ist, gehört es nicht zu meinen Möglichkeiten, zum Jupiter zu fliegen und eine Stunde später in Stuttgart zu sein. Es ist keine Möglichkeit des Steins, zu zwitschern; der Stein besitzt diese Potenz nicht. Sie fehlt ihm nicht einmal, denn fehlen kann ihm nur etwas, das wesensmäßig zu ihm gehört. So fehlt einem Blinden das Augenlicht, durch das er die Möglichkeit des Sehens hat. Ein Stein kann nicht blind sein, denn das Sehen gehört nicht zu seinen Möglichkeiten. Dies ist gemeint, wenn wir sagen, dass die Potenz die Fähigkeit zu einem Akt ist. Leider finden sich in der Philosophie bis heute zahlreiche Missverständnis bezüglich des scholastischen Begriffs der Potenz, worauf wir bereits hingewiesen haben.

Ganz allgemein unterteilt man die Potenzen in *aktive und passive Potenzen*. Unter einer aktiven Potenz versteht man jede Fähigkeit etwas hervorzubringen. Diese Fähigkeit schließt in gewisser Weise einen Akt ein, obgleich dies nicht besagt, die aktive Potenz sei selbst ein Akt, denn etwas ist immer entweder ein Akt oder eine Potenz. Die aktive Potenz ist insofern eine Potenz, als sie etwas Bestimmtes leisten kann. Dieses, was die aktive Potenz zu leisten vermag, ist von dem, was sie leistet, also von dem Objekt, real verschieden. Dies hört sich sehr abstrakt an, doch anhand einiger Beispiele wird das Gesagte sofort verständlich. Michelangelo ist als Bildhauer in der Lage, eine Skulptur hervorzubringen. Diese Fähigkeit ist eine aktive Potenz des Michelangelo, eine Potenz, die ich nicht besitze. Der Künstler hat die aktive Potenz, ein Kunstwerk hervorzubringen. Männer haben die Fähigkeit, Töchter und Söhne zu zeugen. Die Zeugungsfähigkeit ist auch eine aktive Potenz. Ein weiteres Beispiel für eine aktive Potenz ist die Sprachfähigkeit. Menschen haben die Fähigkeit, d.i. die aktive Potenz, zu sprechen. Das, was man in der gegenwärtige Philosophie unter dem Begriff der *Disposition* diskutiert, ist in den meisten Fällen dem ähnlich, was scholastisch als aktive Potenz bezeichnet wird, nämlich die Fähigkeit oder das Vermögen, etwas Bestimmtes zu leisten. Dazu später mehr. In den meisten Fällen, in denen in der Philosophie von Potenz gesprochen wird, ist allerdings nicht die aktive, sondern die passive Potenz gemeint.

Eine passive Potenz ist eine solche Fähigkeit, die einen Akt empfangen, aufnehmen und insofern erleiden kann. Marmor hat die passive Potenz, eine Statue zu werden. Sie kann die Tätigkeit des

Bildhauers aufnehmen, der aus dem Marmorblock eine Statue fertigt. Hier sieht man schon, dass sich aktive und passive Potenz entsprechen müssen. Michelangelo kann die aktive Potenz haben eine Marmorstatue zu schaffen, doch kann er aus Marmor nur dann eine Statue schaffen, wenn dieses Material – der Marmor – es zulässt, in künstlerischer Weise bearbeitet zu werden. Die passive Potenz jedes Dinges ist ebenso bestimmt wie die aktive Potenz. Jedes Ding hat nur ganz bestimmte passive Potenzen; aus einem Marmorblock wird kein Autoreifen. Alles was bereits zuvor über die Potenz gesagt wurde, trifft vor allem auf die passive Potenz zu, denn diese meint man, wie gesagt, im Besonderen, wenn man von Potenz bzw. Potenzen spricht. Es handelt sich um Fähigkeiten oder Vermögen, die durch einen bestimmten Akt aktualisiert, verwirklicht werden.

Nun unterscheidet man diese passive Potenz wieder in zwei verschiedene Arten, nämlich in eine *reine Potenz* und *nicht reine Potenzen*. Eine reine Potenz ist eine völlig unbestimmte Möglichkeit, gewissermaßen pure Möglichkeit, aus der alles werden kann, die selbst durch nichts vorbestimmt ist und jeden beliebigen Akt aufnehmen kann, so dass daraus alles werden kann. Erst durch den Akt wird diese reine Potenz beschränkt und bestimmt. Nun, dies ist sicher schwer vorstellbar. Wie soll es eine reine Möglichkeit geben, die keinerlei Bestimmung hat, die also vollkommen unbestimmt ist und aus der alles werden kann? In der Tat ist eine solche Möglichkeit nicht vorhanden wie Statuen, Kastanien oder irgendein anderes materielles Ding. Es gibt keine reine Potenz in dem Sinne, wie es einen reinen Akt gibt, nämlich Gott. Es handelt sich bei der reinen Potenz um ein *Prinzip* und zwar um ein erster Prinzip, aus dem alle Dinge hervorgehen. Wir werden dies später noch genauer kennenlernen, wenn wir die Anwendung der Lehre von Akt und Potenz im Hinblick auf die Grundprinzipien der materiellen Gegenstände betrachten, nämlich Form und Materie. Die *erste Materie* oder *Urmaterie* (*materia prima*, wie Thomas von Aquin und andere sie nannten) wird als reine Potenz gedacht, sie ist diejenige, aus der alles werden kann und zu dem alles Materielle am Ende zurückkehrt. Mehr soll hier zunächst nicht gesagt werden. Wir wenden uns deshalb der nicht reinen Potenz zu, die wir schon in den zuvor genannten Beispielen kennengelernt haben.

Womit wir es in der Realität meist zu tun haben sind „unreine" Potenzen. Eine nicht reine Potenz ist eine solche Potenz, die eine Aktualität in sich schließt und die auf einen bestimmten Akt hingeordnet ist. Die reine Potenz kann im Prinzip alles werden, die nicht-reine oder auch bestimmte Potenz kann nicht alles werden, sondern eben nur das, wovon sie die Potenz ist. Die Potentialität der Kastanie kann eben nur ein Kastanienbaum werden. Der Akt, auf den die Potenz gerichtet ist, ist noch nicht wirklich, sondern wird durch eine Ursache verwirklicht, bzw. kann durch eine Ursache verwirklicht werden, denn keine Potenz wird durch sich selbst verwirklicht. Die Potentialität zur Sprache ist eben genau diese bestimmte Potenz oder Fähigkeit, zu sprechen, die dem Menschen als Menschen zukommt. Sie wird verwirklicht, wenn das Kind die Sprache erlernt, oder wenn der bereits der Sprache mächtige Mensch etwas mitzuteilen hat. Nur insofern wir diese Fähigkeit besitzen, können wir sprechen. Ein Wurm hat diese Fähigkeit, diese Potenz nicht, denn sie gehört nicht zum Wurmsein. Alle oben genannten Beispiele für Potentialität finden hier Anwendung, denn gewöhnlich meinen wir mit Potenz diese bestimmte bzw. unreine Potenz. Hierher gehört auch ein Teil der *Dispositionen*, wie die Wasserlöslichkeit von Salz oder die Zerbrechlichkeit von Glas, um die Standardbeispiele zu nennen. Salz, bzw. die Salzkristalle haben die Potenz, in Wasser zu zerfallen und sich aufzulösen. Diese Potenz wird genau dann aktualisiert, wenn Salz in Wasser gelangt. Das Gleiche gilt für die Potenz der Zerbrechlichkeit von Glas. Sofern eine äußere Ursache auf Glas einwirkt, z.B. wenn man im angetrunkenen Zustand das Weinglas aus der Hand fallen lässt und dieses zu Boden fällt, zerbricht das Glas. Diese Potenz ist eine bestimmte Potenz von Glas und nicht von Plastik. Ein Plastikbecher zerbricht nicht, wenn er zu Boden fällt. Auch die anderen zuvor genannten Beispiele verdeutlichen, was mit der bestimmten oder unreinen Potenz gemeint ist. Die Zeugungsfähigkeit wird genau dann aktualisiert, wenn diese Fähigkeit im Zeugungsakt verwirklicht wird.

In der Gegenwartsphilosophie findet man kaum die Begriffe Akt und Potenz. Stattdessen wird von verschiedenen Philosophen angenommen, dass es Kräfte oder Dispositionen in den Dingen gibt. Wie diese Kräfte oder Dispositionen genauer bestimmt sind, ist nicht einheitlich definiert und hängt sehr davon ab, welcher Philosoph von diesen Dingen spricht. Grundsätzlich kann man sagen, dass Dispositionen oder Kräfte nicht dasselbe bedeuten wie Potenz, dass jedoch die Bezugnahme auf Potentialität viel zur Klärung des Theorie der Dispositionen beitragen könnte.

Aus dem bisher Gesagten können wir jetzt verschiedene Grundsätze aufstellen, in denen wir das zusammenfassen, was wir über Akt und Potenz gelernt haben (die folgenden Grundsätze finden sich in Bernard Kälin, 1957).

1. Vollkommenheit bedeutet Aktualität. Ein Ding ist vollkommen, soweit es im Akt ist und unvollkommen, soweit es in Potenz ist. Heute sind uns die Worte Vollkommenheit und Unvollkommenheit sehr wenig vertraut, weil wir damit bestimmte Vorstellungen verbinden, die nicht in unsere Zeit passen. In der „Philosophie des gesunden Menschenverstandes" sind diese Begriffe aber klar bestimmt. Gemeint ist damit nicht, dass bestimmte Dinge vollkommen sind in einem gewöhnlichen Sinne von allmächtig, oder dass diesen Dingen nichts fehlt. Eine Rose, die ihre ganze Pracht und Schönheit entfaltet hat, ist aber durchaus vollkommener als eine solche, deren Blüte noch geschlossen ist, oder die bereits verwelkt. Wir nennen die Rose deshalb vollkommener, weil sie ihre Potentialität vollständig entfaltet hat, weil sie eine voll verwirklichte, aktualisierte Rose ist. Potentialität wird vervollständigt, vervollkommnet durch Aktualität. Nur dies ist gemeint, wenn wir sagen, dass etwas als vollkommen bezeichnet wird, insofern es im Akt ist. Jedes Ding ist darauf aus, seine gesamte Potentialität zu verwirklichen und sich so zu „verwirklichen".

2. Jedes Ding das tätig ist, ist im Akt und jedes Ding, das „leidend" oder aufnehmend – rezeptiv – ist, ist in Potenz. Dies ergibt sich aus all dem, was zuvor gesagt wurde. Rezeptivität, Aufnahmefähigkeit bedeutet Potentialität. Aristoteles und andere sprachen von „leiden", wobei dieses Wort freilich nicht primär im Sinne von körperlichem Leiden und Krankheit zu verstehen ist. Ein Ding im Akt wirkt, denn im Akt sein bedeutet wirken. Ein Ding in Potenz hinge-

gen empfängt eine Wirkung, wie der Marmor die Meißelschläge des
Künstlers.

3. Der dritte Grundsatz wurde auch schon erwähnt und ist von
großer Bedeutung. Keine Potenz kann sich selbst aktualisieren,
sondern muss durch etwas, das bereits aktual ist, aktualisiert werden. Die Begründung für dieses Prinzip ist ganz einleuchtend:
Nichts kann etwas geben, was es nicht hat, oder wie der gesunde
Menschenverstand sagt, „aus nix wird nix". Eine Potenz ist eben
genau dies: eine Potenz. Und das bedeutet 'nicht aktual', nicht
verwirklicht. Also kann sie nicht sich selbst verwirklichen. Nur etwas Wirkliches kann etwas Potenzielles verwirklichen. Doch wie
verhält es sich bei den Lebewesen, die sich selbst bewegen? Sie
werden doch nicht von einem anderen geschoben, damit sie sich
bewegen. Selbstbeweglichkeit gilt ja geradezu als Kennzeichen der
Sinnenwesen. Selbstverständlich gilt auch hier der Grundsatz, dass
nichts sich selbst aktualisieren kann, aber es ist natürlich durchaus
der Fall, dass ein Teil eines Dinges, der aktual ist, einen anderen
Teil desselben Dinges, der in Potenz ist, aktualisiert. Und genau darauf beruht die ganze Selbstbewegung der Lebewesen. Die Bewegung eines Körperteils wird z.B. durch das Feuern bestimmter Neuronen in den Muskeln bewirkt, die ihrerseits wieder durch andere
Neuronen im Rückenmark aktualisiert wurden, die durch Nerven-
zellen im Gehirn elektrische Impulse erhalten haben, die wiederum
durch ein Geräusch in der Außenwelt aktualisiert wurden usw.

4. Der Akt ist stets früher als die Potenz. Dies gilt natürlich nicht
zeitlich, denn in der uns bekannten materiellen Welt gibt es keinen
Akt ohne Potenz und umgekehrt. Kein Ding hat seine ganze Wirklichkeit vollkommen realisiert, sondern ist stets gemischt aus Aktualität und Potentialität. Aber der Akt ist logisch betrachtet das
Primäre, denn durch den Akt wird die Potenz verwirklicht. Ohne
Akt gäbe es überhaupt keine Wirklichkeit.

5. Aber nicht nur in logischer Hinsicht, sondern auch in ontologi-
scher Hinsicht ist der Akt als solcher früher als die Potenz. „Ontologisch" meint hier hinsichtlich des Seins, der Existenz. Dies ergibt
sich daraus, dass es ohne einen Akt überhaupt nichts gäbe. Das
Mögliche wird ohne Akt nie wirklich (vgl. Grundsatz 1). Zudem gibt

es einen reinen Akt, nämlich Gott, ohne den selbst das Mögliche, das Potentielle nicht existieren würde. Es muss einen reinen Akt geben, der durch keine Potenz begrenzt ist, der absolute Wirklichkeit ist, damit es andere Dinge geben kann, die aus Akt und Potenz zusammengesetzt sind. In diesem Sinne ist der Akt ontologisch früher als die Potenz.

6. Hinsichtlich der Veränderung, des Werdens oder der Bewegung ist die Potenz allerdings früher als der Akt. Jede Veränderung hatten wir gesagt, ist der Übergang von der Potenz zum Akt. Wenn ich von Freiburg nach Stuttgart reise, dann muss die Möglichkeit dazu gegeben sein, damit sie wirklich wird. Michelangelo muss die Fähigkeit (Potenz) haben, eine Skulptur zu schaffen, damit diese entsteht. Jedes Vermögen, jede Fähigkeit, jede Disposition muss ihrer Realisierung vorhergehen.

7. Akt und Potenz sind real verschieden. Akt und Potenz stehen in jedem Ding zueinander wie Bestimmendes und Bestimmbares, und das, was etwas anderes bestimmt, ist von dem, was bestimmt wird, wirklich verschieden, selbst dann, wenn beides nur zusammen bestehen kann. Der Akt ist das Bestimmende, die Potenz das Bestimmbare. Die gestalterische Fähigkeit des Künstlers ist von der Tätigkeit der Gestaltung wirklich verschieden. Diese Verschiedenheit ist nicht nur eine gedachte in unserem Bewusstsein, sondern eine reale. Diese Unterscheidung wird in der Gegenwartsphilosophie nur selten beachtet und so werden Fähigkeiten und Vermögen mit der Ausübung oder Realisierung derselben identifiziert. Ein Neugeborenes hat die Fähigkeit zu denken, doch kann es diese Fähigkeit noch nicht ausüben. Potentiell ist aber jeder Mensch ein denkendes Wesen auch wenn er zu bestimmten Zeiten dazu nicht in der Lage ist. Die Denkfähigkeit und das Denken sind real verschieden, wobei das Letztere das Erstere voraussetzt.

8. Der achte Grundsatz wurde schon mehrfach genannt und auch erklärt: Jedes veränderliche Ding – und das sind alle materiellen Dinge – ist aus Akt und Potenz zusammengesetzt. Veränderlich ist nämlich alles, was in irgendeiner Weise bestimmt werden kann, was eine Wirkung, einen Akt, aufnehmen kann und dies besagt, was Potentialität besitzt.

9. Ein und dasselbe Ding kann nicht zugleich Akt und Potenz sein, zumindest nicht in der gleichen Hinsicht. Auch diesen Grundsatz hatten wir schon kurz erläutert. Akt und Potenz wären dasselbe, wenn sie zugleich sind; sie sind aber real verschieden (Grundsatz 7). Allerdings kann man bei unterschiedlicher Hinsicht auch eine Potenz als wirklich betrachten. Die Potenz der Kastanie, ein Baum zu werden, ist wirklich in der Kastanie vorhanden, es ist eine Wirklichkeit, eben eine Potenz zum Kastanienbaum. Die Denkfähigkeit, die jeden Menschen auszeichnet, ist eine wirkliche Fähigkeit, sie ist im Menschen wirklich vorhanden, auch wenn er nicht denkt, doch sie ist als Potenz zum Denken vorhanden.

10. Akt und Potenz sind real verschieden. Dies bedeutet auch, dass es nichts zwischen Akt und Potenz gibt, dass es keinen Zwischenzustand gibt, der gleichsam gemischt ist. Die Potenz zum Kastanienbaum, die in der Kastanie vorhanden ist, ist nicht ein Mini-Kastanienbaum, und ein bestimmtes Vermögen, wie das Sehvermögen, ist kein Akt des Sehens, auch kein ganz kleiner. Sobald das Vermögen „aktualisiert" wird, ist es ein Akt; sobald die Kastanie beginnt, sich zum Kastanienbaum zu entwickeln, ist sie nicht mehr in Potenz. Sobald ich aufstehe, um mich auf dem Weg nach Stuttgart zu machen, bin ich im Akt.

11. Zwei Akte bilden niemals ein einziges Ding. Wenn es sich um zwei Akte handelt, dann auch um zwei Dinge, zwei Seiende. Unter einem Akt wird ja etwas Wirkliches verstanden und zwei Akte sind zwei Wirkliche. Aus zwei Wirklichen wird aber nicht ein Wirkliches. Nur wenn ein Akt auf eine Potenz trifft, entsteht ein einheitliches Ganzes. Zwei Rosen im Akt werden nicht eine Rose. Und wenn ich mit meiner Frau nach Stuttgart reise, dann reisen zwei Personen nach Stuttgart; auch wenn wir zusammen reisen, werden wir nicht eine Person.

12. Eine Potenz ist ihrem Wesen nach begrenzt. Sie ist sogar das begrenzende Prinzip in einem Seienden, dasjenige, wodurch der Akt eines bestimmten Dings begrenzt wird. Eine Potenz ist stets auf einen Akt hingeordnet. Wir wissen bereits, dass es keine Potenz

ohne Akt gibt; das Vermögen zu etwas, eine Fähigkeit, ist darauf ausgerichtet, betätigt zu werden.

13. Im Unterschied zur Potenz ist der Akt *an sich* nicht begrenzt. Er erhält seine Begrenzung durch die Potenz. Gäbe es einen Akt der von keiner Potenz begrenzt würde, dann wäre dies ein reiner, unbeschränkter, unendlicher totaler Akt, eine absolute Wirklichkeit. Dies ist es, was die Philosophen als Gott bezeichnen. Dieser unbegrenzte Akt, der durch keine Potenz eingeschränkt wird, enthält alle Wirklichkeit in unendlicher Vollkommenheit.

Das waren nun in der Tat sehr viele theoretische Erörterungen. Aber wenn man sich diese Grundsätze genauer ansieht, ergeben sie sich alle aus dem Wesen von Akt und Potenz, und wenn man dieses Wesen verstanden hat, braucht man die Grundsätze nicht auswendig zu lernen, sondern kann sie sich mehr oder weniger selbst ableiten.

Wir waren auf Akt und Potenz gekommen, um die Veränderung, die Bewegung oder das Werden – alles bedeutet hier das Gleiche – zu begreifen, aber auch die Begrenzung und Endlichkeit der materiellen Dinge.

Jede Begrenzung hat ihren Grund in der Potentialität. Die Potenz begrenzt die Wirklichkeit und Wirksamkeit des Aktes in verschiedenen Hinsichten. Alles Geschaffene ist aber zusammengesetzt aus Akt und Potenz und folglich begrenzt und endlich. Hatten wir nicht auch fast das Gleiche von der reinen Potenz gesagt? Ist nicht auch diese unbegrenzt? Wenn aber Akt und Potenz beide je für sich betrachtet unbegrenzt sind, wie können sie sich dann gegenseitig begrenzen? Dieser Einwand ist durchaus angebracht und gar nicht so einfach zu beantworten. Wir werden später darauf zurückkommen und dann eine Antwort geben. Hier sei nur angemerkt, dass es eine reine Potenz als solche nicht wirklich gibt und auch nicht geben kann, wohingegen es einen reinen Akt durchaus geben kann, und die Philosophen einen solchen reinen Akt als Gott begreifen.

IV. Form und Materie:
Hylemorphismus

Was bleibt?

Der Ausgangspunkt unserer philosophischen Überlegungen war die Frage nach dem Wesen von Veränderung oder Bewegung. Dabei haben wir zuletzt die Theorie von Akt und Potenz eingeführt, die von Aristoteles stammt und in der mittelalterlichen Philosophie, besonders von Thomas von Aquin, weiterentwickelt wurde. Veränderung, so hatten wir festgestellt, ist ein Übergang von etwas in Potenz zu etwas im Akt. Bei jeder Bewegung wird etwas Potentielles aktualisiert, verwirklicht. Dies gilt wirklich für jede Art der Veränderung und wir hatten zwei grundsätzliche Arten der Veränderung materieller Gegenstände unterschieden, nämlich die akzidentelle und die substantielle Veränderung. Bei der akzidentellen Veränderung wird etwas *am* Ding verändert, während bei der substantiellen Veränderung das ganze Ding verändert wird. Nun kann es aber nur dann eine Veränderung geben, wenn irgendetwas gleich bleibt. Man könnte fragen, warum dies so ist. Warum muss etwas bestehen bleiben, wenn sich etwas verändert? Nun, bei der akzidentellen Veränderung ist es ganz offensichtlich so, denn hier bleibt das Ding, der Gegenstand der gleiche, wenn sich auch seine äußerlichen Eigenschaften (das ist ja mit 'akzidentell' gemeint) ändern. Wenn ich nach Stuttgart fahre ändert sich der Ort, an dem ich mich befinde, aber ich selbst bin es, der sich nach Stuttgart begibt, und ich bleibe derselbe, ob ich nun in Freiburg oder in Stuttgart bin. Wenn sich Susanne die Haare blond färbt, ändert sich ihre Haarfarbe, aber Susanne bleibt die gleiche. Bei der substantiellen Veränderung ist dies jedoch anders. Wenn ich grünen Salat esse wird dieser durch die Verdauung in meine Körpermaterie verwandelt. Nach der Verdauung ist es kein Salat mehr, sondern ein Teil von mir. Wenn ein Haus abgerissen wird und das ehemalige Baumaterial, die Steine, zermahlen werden, um dann z.B. als Schotter im Straßenbau Verwendung zu finden, existiert das Haus nicht mehr; es wurde in Straßenschotter verwandelt. Was ist denn hier, bei der substantiellen Veränderung, das Gleichbleibende? Oder gibt es gar nichts, das gleich bleibt? Es gibt tatsächlich Theorien, die bestreiten, dass es bei einer Veränderung irgendetwas gibt, was gleich bleibt. Der schon oben erwähnte Philosoph Heraklit war vermutlich der Erste, der behauptete, alles sei im Fluss, in ständiger Veränderung und nichts bleibe gleich. „Keiner steigt zweimal in den gleichen Fluss" soll er gesagt haben, denn „alles fließt" – „*panta rei*" –, wie es griechisch heißt. In der Gegenwart wird diese Auffassung von der sogenannten „Prozessphilosophie" vertreten, die auf den englischen Philosophen Whitehead zurückgeht. Auch andere Philosophen, die nicht direkt zur Prozessphilosophie gehören, vertreten die Auffassung, dass das, was wir als Dinge bezeichnen, nichts anderes als „Raumzeitwürmer" sind. Sicher entsprechen solche Theorien nicht dem, was der gesunde Menschenverstand denkt, aber zumindest hinsichtlich der substantiellen Veränderung ist nicht sogleich offensichtlich, was hier das Gleichbleibende ist. Doch es gibt eine Antwort auf diese Frage. Das, was in einer substantiellen Veränderung gleich bleibt, ist die *Materie*. Aber, so kann man einwenden, wie soll denn die Materie erhalten bleiben, wenn der Salat in „mein Fleisch" verwandelt wird, sobald ich ihn verdaut habe? Beim Baumaterial kann man noch gewissermaßen zugestehen, dass dieses irgendwie etwas mit dem früheren Haus zu tun hat, obgleich auch in diesem Fall der Zusammenhang eher konstruiert erscheint. Diese Entwände sind berechtigt. Es hängt viel davon ab, was wir unter 'Materie' verstehen. Und dies soll in diesem Kapitel genauer erklärt werden.

Hylemorphismus

Materie in einem ersten natürlichen Verständnis ist zunächst das, woraus alle materiellen Gegenstände bestehen. Allerdings gibt es kein einziges Ding, das nur aus Materie besteht. Dies gilt auch von Steinen, Bergen Planeten oder was auch immer. Kein Ding ist nur Materie, denn Materie in einem weiteren philosophischen oder ontologischen Sinn wird als *Prinzip* verstanden, also, wie wir schon gesagt haben, als etwas, was der Ausgangspunkt, der Anfang (im nicht-zeitlichen Sinne) eines Dinges ist.

Jedes materielle Ding ist zusammengesetzt. Da ist zunächst die materielle Zusammensetzung selbst, also die Teile, aus denen ein Ding besteht, wie die Blume, die aus dem Stil, den Blättern und der Blüte besteht. Dies sind materielle Teile eines Ganzen, der Blume. Doch dies ist nur die eine Seite. Mit der Zusammensetzung im ontologischen Sinn ist noch etwas anderes gemeint, etwas Allgemeineres. Jedes Ding ist zusammengesetzt aus Materie und Form. Während die Materie das ist, woraus etwas besteht, ist die Form dasjenige, wodurch ein Ding das ist, was es ist. Die Form bewirkt gleichsam, dass es z.B. eine Rose ist, sie bestimmt das, *was* etwas ist. Dieses *„was etwas ist"* heißt auch das *Wesen*. Dazu kommen wir später noch ausführlicher. Die Form bewirkt auch, dass die verschiedenen Teile der Materie Teile eines Ganzen sind, sie bewirkt die Einheit der Teile. In diesem Sinne ist die Materie als Ganzes nur ein Teil des Ganzen und nur mit der Form zusammen ist ein Ding ein Ding mit einem bestimmten Wesen, ist ein Ding das, was es ist, z.B. ein Rose.

Das Wort ‚Form' darf nicht im Sinne von Gestalt verstanden werden, was ja naheliegt, da dies dem gewöhnlichen Sprachgebrauch entspricht. In der Philosophie hat das Wort ‚Form' eine bestimmte begriffliche Bedeutung, und zwar die, dass sie ein Prinzip im Aufbau materieller Körper ist. Wir können uns zunächst merken, dass ‚Form' dasjenige ist, *wodurch* etwas das ist, *was* es ist, während ‚Materie' in diesem Sinne dasjenige meint, woraus etwas gemacht ist.

Die philosophische Lehre von Form und Materie wird auch als 'Hylemorphismus' bezeichnet, als Materie-Form-Theorie, denn das griechische Wort für Materie ist *Hyle*, während das griechische Wort für Form *Morphe* ist. Dieses Wort kennt man auch aus anderen Begriffen, wie z.B. „Morphologie", das ist die Formenlehre, wie sie z.B. in Biologie verwendet wird.

Nun ist die Lehre von Materie und Form eigentlich nur eine Anwendung dessen, was wir bereits gelernt haben, nämlich der Theorie von Akt und Potenz, auf materielle Gegenstände. Der Unterschied zwischen den beiden Theorien ist eigentlich nur ein solcher der Reichweite. Während die Theorie von Akt und Potenz für alles gilt, was es überhaupt gibt, bezieht sich die Theorie von Form und Materie nur auf materielle Körper, also auf Atome, (vielleicht auch subatomare Teilchen), Moleküle oder rein materielle Dinge, wie Steine und Berge, aber besonders auf alle Lebewesen, also Pflanzen, Tiere und Menschen. Die Theorie von Form und Materie beschreibt die Zusammensetzung dieser materiellen Dinge. Jedes materielle Ding ist eine Zusammensetzung, ein Komplex aus Form und Materie. Bei dieser Zusammensetzung ist nun die Materie stets in der Position der Potenz, d.h. die Materie ist potentiell, während die Form in der Position des Aktes ist. Die Form ist nicht selbst der Akt (dies war die Lehre des Aristoteles, deren Schwierigkeiten Thomas von Aquin deutlich gemacht hat), aber die Form ist das, wodurch etwas wirklich wird. Thomas sagt auch *„forma dat esse"*, die Form gibt das Sein, d.h. die Form gibt die Wirklichkeit eines Dinges.

Die Materie ist also das Potentielle, das, woraus etwas wird, was sich auch verändert, während die Form das ist, was die Materie aktualisiert. Wir wollen dies nun noch etwas eingehender erläutern.

Zunächst kann man aus bestimmten Erscheinungen in der Welt auf Form und Materie schließen. Da ist zunächst die Veränderung, das Entstehen und Vergehen der Dinge. Bei der Ernährung wird von den Pflanzen leblose Materie, wie Wasser, Mineralien und anderes Anorganisches aufgenommen und in lebendige Materie, in Pflanzliches verwandelt. Die Pflanzen wiederum werden von den Tieren gefressen und in deren Körper einverwandelt, einverleibt, wodurch Pflanzliches in Tierisches verwandelt wird. Umgekehrt verläuft der Prozess bei Zerfall oder Tod. Die Pflanze geht zugrunde, verdorrt und verschwindet schließlich. Ihre materielle Grundlage wird dabei in anorganischer Materie verwandelt. Diese Prozesse hatten wir als substantielle Veränderung bezeichnet. Wir hatten auch schon die Frage gestellt, was denn bei der substantiellen Veränderung das Bleibende ist. Es ist die Materie, können wir jetzt antworten, allerdings nicht die Materie, die die Pflanze, die von der Kuh gefressen wird, hat, sondern das materielle Prinzip. Die Materie der Pflanze selbst, die pflanzlichen Stoffe, werden ja gerade bei der Aufnahme und Verdauung durch die Kuh vollständig verwandelt und aufgelöst. Was aber diesem Prozess zugrunde liegt ist das, was die Philosophen ‚Urmaterie' oder ‚erste Materie', lateinisch *materia prima* nennen. Beim Übergang der pflanzlichen Stoffe zu tierischer Materie wird der pflanzliche Stoff, der ja bereits durch eine Form bestimmt ist, vollständig aufgelöst und in die Urmaterie verwandelt. Und diese Urmaterie wird dann von der Form des Tieres, z.B. der Kuh, aufgenommen und in tierische Materie umgeformt. Das, was bei der substantiellen Veränderung also bestehen bleibt und diesem Prozess zugrunde liegt, ist die Urmaterie. Diese Urmaterie ist, was wir bereits im Kapitel zuvor angedeutet haben, *reine Potenz*. Das bedeutet, dass aus ihr alles werden kann, da sie nicht bestimmt ist. Ihre Bestimmung erhält die Urmaterie durch die Form. Und beim Übergang von einer geformten Materie, wie der Pflanze, zu einer anderen, wie dem Tier, löst sich die Form vollständig auf, so dass allein die reine Materie, die Urmaterie übrig bleibt, die dann von der Form des Tieres aufgenommen, d.h. aktualisiert und so geformt wird, dass sie dem Tier zu eigen wird, dem tierischen Organismus einverleibt wird. Bei der substantiellen Veränderung wird ja ein bestimmtes Ding mit einem Wesen in ein anderes Ding mit einem anderen Wesen verwandelt. Und dieser Verwandlung muss etwas zugrunde liegen, so wie bei jeder Veränderung etwas zugrunde liegt, das sich nicht verändert. Dieses Zugrundeliegende bei einer substantiellen Veränderung ist die Urmaterie.

Natürlich kann man diese Urmaterie nicht sehen oder sonst irgendwie sinnlich wahrnehmen. Alles was wir sehen ist immer schon geformte Materie, Materie, die mit einer bestimmten Form verbunden und insofern wirklich ist. Die Urmaterie ist in gewissem Sinne überhaupt nicht wirklich, denn sie ist ja reine Möglichkeit, reine Potentialität. Substantielle Veränderung ist eigentlich nur auf diese Weise zureichend erklärbar, denn wenn es richtig ist, dass bei jeder Veränderung etwas zugrunde liegen muss, dann kann dies nur etwas sein, was selbst keinerlei Bestimmung hat und jede Bestimmung annehmen kann, wodurch dann eine Pflanze zu Fleisch wird.

Man könnte jetzt natürlich auf die physikalischen und chemischen Prozesse verweisen, die bei der Verdauung stattfinden und die von den Naturwissenschaften erforscht werden. Dabei wird man feststellen, dass die pflanzlichen Moleküle bei der Verdauung in ihre Bestandteile zerlegt werden und dann vom tierischen Organismus aufgenommen werden. Diese Beschreibung, – denn es ist nur eine Beschreibung und keine wirkliche Erklärung – trifft sicher zu. Die philosophische Erklärung dieses Vorgangs wird durch die Lehre von Form und Materie, bzw. von Akt und Potenz gegeben. Etwas das wirklich ist, kann nicht Teil von etwas werden, das auch wirklich ist, außer in einem rein äußerlichen Sinne durch Hinzufügung, wie wenn man zwei Steine übereinanderlegt. Bei der substantiellen Veränderung wird aber etwas Wirkliches, die Pflanze zum Beispiel, in eine andere Wirklichkeit, die Kuh beispielsweise, verwandelt. Damit dies möglich wird, muss die Pflanze zunächst gewissermaßen aufhören wirklich zu sein, d.h. sie muss in Potenz verwandelt werden und dies geschieht eben dadurch, dass sich die Form der Pflanze, also das, was die Pflanze zur Pflanze macht, auflöst und dadurch auch die Bestimmtheit der Materie durch die Form beendet wird. Was dann übrigbleibt ist eine bestimmungslose Materie und dies ist die erste Materie. Diese ihrerseits ist jeglicher Bestimmung fähig und wird von der Form des Tieres in tierische Materie verwandelt.

Diese Erläuterungen sollen dazu dienen die Zusammengesetztheit der Dinge durch Beispiele aus der Erfahrung aufzuweisen. Die substantielle Veränderung ist ein Phänomen, das diese Erklärung der Zusammensetzung der Dinge aus Form und Materie nahelegt. Es gibt aber weitere Erscheinungen in der Welt, die auch die Form-Materie-Theorie nahelegen. Ein solches Phänomen ist die Vielfalt von artgleichen Dingen. Es gibt z.B. eine Vielzahl von Kühen, von Rosen oder Rüben, von Heliumatomen oder Menschen. Alle diese Dinge gehören einer bestimmten Art an, es sind z.B. Kühe und hinsichtlich dieser Art, sind sie alle gleich. Wodurch aber gibt es nun mehrere Kühe? Es gibt nur eine Form, eine Artwesenheit der Kuh, die allen Kühen zukommt; alle Kühe sind eben Kühe. Wenn es aber nur ein Wesen der Kuh gibt (gemeint ist hier natürlich das Wesen einer bestimmten Art Kühe, sagen wir der Holsteinschen Milchkuh), dann ist nicht verständlich, warum es mehrere artgleiche Exemplare gibt. Diese Vielfalt artgleicher Individuen wird dadurch erklärlich, dass sie sich hinsichtlich der Materie unterscheiden. Durch die Verbindung der Artwesenheit, das ist die Form, mit der Materie unterscheiden sich die verschiedenen Vorkommen der gleichen Art. Vom Wesen her sind alle diese Kühe nämlich gleich, es sind eben Kühe und dieses Wesen wird durch die Form bestimmt, die ja, wie wir schon sagten, das bestimmt, *was* etwas ist. Wenn es trotz des gleichen Wesens aller Kühe dennoch viele Kühe gibt, dann muss es also ein zweites Prinzip geben, das sich von der Form unterscheidet und dieses zweite Prinzip ist die Materie.

Durch diese Materie unterscheiden sich die Kühe voneinander und dadurch haben sie auch unterschiedliche Eigenschaften. Das gilt natürlich nicht nur von Kühen, sondern von allen Dingen, angefangen bei Atomen und Molekülen bis hin zum Menschen.

Ein weiterer Hinweis darauf, dass die Dinge unserer Erfahrungswelt zusammengesetzt sind, ist die Ausdehnung der materiellen Gegenstände. Alle Körper sind ausgedehnt. Ausdehnung bedeutet aber auch eine Vielheit von Teilen. Diese Teile sind aber Teile eines Ganzes, nämlich dieses bestimmten Dinges. Um wieder unsere holsteinische Milchkuh – nennen wir sie Herta – beispielhaft zu erwähnen, so ist Herta ein materieller Körper und zwar ein lebendiger materieller Körper. Dieser besteht aus vier Beinen, einem Kopf mit Hörnern, inneren Organen, wie einer Leber und mehrerer Mägen usw. Doch diese verschiedenen Teile liegen nicht einfach nebeneinander wie beim Metzger, sondern bilden eine lebendige Einheit, eine lebendige Wirklichkeit. Wenn diese Wirklichkeit, und das ist hier das *Leben* von Herta, erlischt, dann zerfällt diese Einheit und anstatt von Herta bleibt ein Klumpen Fleisch. Diese Einheit und Wirklichkeit hat ihren Grund in der Form als das, was Herta die Wirklichkeit gibt und den verschiedenen Teilen ihre Einheit in einem Ganzen.

Dies soll uns zunächst genügen um verständlich zu machen, dass man in allen materiellen Dingen eine Zusammensetzung aus Form und Materie annehmen muss. Wir werden nun diese beiden Begriffe – Materie und Form – etwas genauer zu bestimmen versuchen.

Die Materie

Beginnen wir mit der begrifflichen Klärung der Materie, aus der alle materiellen Dinge bestehen. Die Materie im ontologioschen Sinne ist das vollständig Unbestimmte. Als solche betrachtet, ist die Materie reine Potenz, Möglichkeit, alles zu werden. Sie hat keine Bestimmung bedeutet, man kann nicht fragen „Was ist die Materie?", denn sie ist kein *Was*. Sie ist weder ausgedehnt, hat keine Größe oder Gestalt und keine Tätigkeit. Das mag zunächst überraschen, denn die Materie denken wir uns doch stets als etwas, das eine bestimmte Ausdehnung und Größe hat, eine bestimmte Festigkeit usw. Doch all dies sind Bestimmungen einer bereits geformten Materie, eines materiellen Dinges, das aus Materie und Form besteht. Die Materie als solche, das ist die *Urmaterie,* die *materia prima,* wie sie im Mittelalter genannt wurde. Diese ist das Unbestimmte und als solche das, was jeder möglichen Bestimmung fähig ist. Wie schon mehrfach betont ist die Materie reine Potenz, reine Möglichkeit, allerdings in einem realen und nicht nur logischen Sinne. Die potentielle Materie ist ein Prinzip – wir können auch durchaus von Ursache sprechen – in allen materiellen Körpern und diese sind stets zusammengesetzt, nämlich aus Materie und Form.

So betrachtet existiert die Materie im eigentlichen Sinne nicht. Alles was existiert, zumindest alles Materielle, ist zusammengesetzt aus Materie und Form und dieses Ganze aus Materie und Form ist ein Wesen, ein Ding oder, philosophisch genauer gesagt, eine *Substanz.* Die Materie ist am besten erklärt, wenn man sagt, sie ist auf die Form hingeordnet, sie steht für die Formung, für die Bestimmung durch die Wesensform, bereit.

Aus dem folgt natürlich auch, dass die Materie nicht erkennbar ist. Erkennbar ist nur etwas, das eine Bestimmung hat, bei dem man die Frage stellen kann, *was* es ist. Da die Materie vollkommen bestimmungslos ist, ist sie auch nicht erkennbar. Alles was wir in irgendeiner Weise wahrnehmen können, ist schon zusammengesetzt aus Materie und Form.

Wir halten also zusammenfassend fest, dass die Materie im Sinne der Erstmaterie, der *materia prima,* das eine Prinzip im Aufbau eines Dinges ist, und dass diese Materie völlig bestimmungslos und so zugleich jeder möglichen Bestimmung fähig ist. Man darf also die Materie in diesem Sinn nicht mit dem verwechseln, was wir herkömmlich als Materie bezeichnen. Deshalb kann man für die *materia prima* auch kein Beispiel nennen, denn jedes Beispiel setzt ein bestimmtes Ding voraus, die Erstmaterie ist aber nicht bestimmt, sie ist ein ‚unbestimmtes Ding‘, ja nicht einmal ein Ding.

Damit kommen wir zu Klärung des Begriffs der Form. Zunächst sei noch einmal darauf hingewiesen, dass der Begriff Form hier nicht im Sinne von Gestalt zu verstehen ist, obgleich die Gestalt eines Dinges eines, der Wirkungen der Form ist, aber eben nicht die Form selbst. So wie die Materie das vollkommen Bestimmungslose und somit Bestimmbare ist, ist die Form das Bestimmende. Die Form ist das Prinzip der Verwirklichung, das Aktualisierende und bestimmende Prinzip im Aufbau eines Dinges. Sie bestimmt, *was* etwas ist, und *dass* es ist, die Form ist das Prinzip der Wirklichkeit. Die Form ist auf etwas Bestimmbares hingeordnet, nämlich auf die bestimmungslose aber bestimmbare Materie und diese wird durch die Form bestimmt zu dem, was sie dann ist.

Man unterscheidet zwischen *Wesensform* und akzidenteller Form. Später werden wir diesen Unterschied etwas genauer kennzeichnen. Hier sei zunächst nur gesagt, dass die Wesensform, von der hier in erster Linie die Rede ist, das *artbestimmende Wesensprinzip* im Aufbau eines Dinges ist. Durch die Form wird zum Beispiel bestimmt, dass etwas eine holsteinische Milchkuh ist. Die akzidentelle Form bezieht sich auf die äußerlichen Bestimmungen, die Eigenschaften eines Dinges, wie das Wort schon sagt. So ist die blonde Haarfarbe Suannes eine akzidentelle Form, ebenso wie die weißen Flecken der Milchkuh.

Die Wesensform kann also definiert werden als das *artbestimmende Wesensprinzip*, das in der Verbindung mit der materiellen Potenz eine materielle Substanz, ein körperliches Ding, konstituiert. Dabei verhalten sich, wie schon gesagt, Form und Materie zueinander wie Akt und Potenz. Form und Materie sind zwar real und nicht bloß durch unser Denken voneinander verschieden, allerdings können sie nicht getrennt voneinander existieren. Form und Materie zusammen bilden eine Wesenheit und jede materielle Wesenheit ist aus diesen beiden Prinzipien zusammengesetzt. Form und Materie sind gewissermaßen die beiden Ursachen, die zusammen eine Wesenheit bewirken.

Schon seit der Antike gibt es eine Auseinandersetzung über die Frage der Formen und zwar vor allem zwischen Platon und Aristoteles. Platon war der Auffassung, dass es ein eigenes, selbständiges Reich der Formen gibt. Die uns sichtbaren sinnlichen Dinge sind nur schwache Nachbildungen, Abbilder dieser Formen. Entsprechend gibt es für Platon eine doppelte Welt: die Welt der Sinnendinge und die Welt der Formen, die er auch Ideen nennt. Natürlich meint Platon mit Ideen nicht etwas in unserem Bewusstsein, sondern eben wirkliche, von uns unabhängig existierende Formen, wie z.B. die Form der Rose, die gewissermaßen eine vollkommene Rose ist. Die Rosen die wir kennen sind nur schwache Abbilder dieser einen wahren Rose, die als Form auch dann existiert, wenn es überhaupt keine sinnlichen Rosen mehr gibt.

Aristoteles hielt diese Auffassung Platons für problematisch und brachte verschiedene Einwände gegen die Ideenlehre Platons vor, Einwände, die bis heute ihre Gültigkeit nicht verloren haben und auch in der Gegenwartsphilosophie gegen ‚platonische‘ Philosophen vorgebracht werden. Ein solches schwerwiegendes Problem ist die Frage nach der Beziehung zwischen dem Reich der Formen, den Ideen und den Dingen, deren Formen sie sind. Platon bezeichnete diese Beziehung als „Teilhabe" der sinnlichen Dinge an den Ideen. Allerdings konnte er diese Beziehung nicht näher bestimmen und dies ist bis heute nicht richtig gelungen. Man kann an dem Vermögen einer anderen Person teilhaben, wenn man von ihr etwas von dem abbekommt, was die vermögende Person besitzt, doch besitzt diese dann weniger Vermögen als sie zuvor besaß. Dies ist bei der Teilhabe der Dinge an den Ideen aber nicht der Fall. Im Gegenteil meint Platon, dass die Ideen überhaupt nicht davon betroffen werden, wenn sinnliche Gegenstände an ihnen teilhaben.

Ein weiteres Problem der platonischen Ideenlehre, das mit den zuvor benannten zusammenhängt, ist die Frage, wie die eine Idee zugleich in verschiedenen Gegenständen sein kann. Wenn die Idee oder Form der Rose in einer bestimmten sinnlich wahrnehmbaren Rose ist, dann kann sie nämlich nicht zugleich in anderen Rosen sein. Es könnte somit nur eine einzige Rose zu einer bestimmten

Zeit geben, und dies gilt nicht nur für die Rose, sondern für alle Dinge; alle Dinge kämen genau einmal vor.

Aus diesen und anderen Gründen konnte Aristoteles diesen *radikalen Realismus* Platons nicht akzeptieren und entwickelte eine *moderate* Form des *Realismus*. Aristoteles zeigte, dass die Formen immer Formen bestimmter Dinge sind und nicht in einem eigenen Ideenreich oder einem Reich der Formen existieren. Die Form der Rose ist die Form dieser konkreten Rose, dasjenige, was diese Rose zur Rose macht. Die Form der Rose in meiner Blumenvase auf dem Tisch ist dieselbe Form wie die der Rose, die im Stadtpark blüht. Jede Rose ‚instanziiert‘ – wie man in der analytischen Philosophie sagt – ein und dieselbe Form, allerdings gibt es diese Form nicht zugleich noch in einem eigenen, von den konkreten Vorkommnissen der Rose unabhängigen Ideenwelt, sondern eben nur dort, wo es konkrete, sinnlich wahrnehmbare Rosen gibt. Jede einzelne Rose ist eine ‚Instanz‘ der allgemeinen Form Rose, aber diese allgemeine Form selbst gibt es nur in unserem Geist, nicht in der Wirklichkeit. In unserer Seele, in der Erkenntnis, abstrahieren wir nämlich von allen Besonderheiten der verschiedenen Rosen und erfassen dann nur das, was allen Rosen gemeinsam zukommt, nämlich das Wesen der Rose bzw. das, was dieses Wesen bestimmt, die Wesensform. Dies ist die Auffassung Aristoteles‘ bezüglich der Formen, die von Thomas von Aquin und vielen anderen scholastischen Philosophen, wenn auch nicht von allen, übernommen und weiterentwickelt wurde und wird.

Sowohl die aristotelische als auch die platonische Auffassung über die Formen werden auch als *metaphysischer Realismus* oder *Universalienrealismus* bezeichnet. Die platonische Theorie wird oft auch *radikaler Realismus* bezeichnet, während die aristotelische Theorie der Formen in den Dingen als *moderater* oder *gemäßigter Realismus* bezeichnet wird. Davon unterscheidet sich der erkenntnistheoretische Realismus, das ist die Auffassung, dass es eine von unserer Erkenntnis unabhängige, an sich bestehende Realität gibt, die wir durch unser Erkenntnisvermögen mehr oder weniger genau erfassen können. Beide Auffassungen des Realismus hängen miteinander zusammen, doch hier werden wir nur den metaphysischen Realismus behandeln.

Nun gibt es nicht nur Argumente gegen den platonischen, sondern ebenso gegen den aristotelischen Realismus, ja gegen jede Art eines metaphysischen Realismus. Gegen diesen Universalienrealismus wendet sich insbesondere der *Nominalismus*, der bestreitet, dass es überhaupt irgendetwas Allgemeines gibt. Der Nominalismus ist eine der am weitesten verbreiteten philosophischen Theorie, insbesondere seit dem Spätmittelalter und bis in unsere Zeit. Er behauptet, kurz gesagt, dass alle Universalien, d.h. alle allgemeinen Entitäten, wie die Formen – ganz gleich ob essentielle oder akzidentelle Formen – aber auch alle Begriffe nur etwas vom menschlichen Geist Gedachtes sind und nicht wirklich existieren. Das einzige, was in der Welt existiert, sind individuelle Dinge, diese einzelne Rose, dieser bestimmte Hund Hasso oder diese menschliche Person Oskar. Alles, was wir von diesen Dingen behaupten, z.B., dass diese Rose dort eine Rose ist, d.h. ein Exemplar der Art Rose mit bestimmten Eigenschaften, oder dass dieser Hund Hasso ein Schäferhund ist, oder dass Oskar ein Mensch ist, dass Oskar rot-braune Haare hat, sind nur Namen, die wir diesen Dingen geben, denen aber an diesen Dingen nichts entspricht. Folglich bestreitet der Nominalismus auch, dass es Wesenheiten oder Eigenschaften von Dingen gibt.

Es ist leicht einzusehen, dass diese Auffassung wissenschaftliche Erkenntnisse unmöglich macht, denn jede Wissenschaft macht allgemeine Aussagen über die Wirklichkeit. Der Nominalist muss konsequenterweise behaupten, dass diese allgemeinen Aussagen nur allgemeine Worte und Namen sind, die eine Vielheit von Einzelnen bezeichnen.

Nun könnte man einwenden, dass auch ich zuvor behauptet habe, dass die Formen der Dinge nur in unserem Bewusstsein sind und nicht in den Dingen selbst. Diese Aussage bedarf deshalb einer weiteren Erklärung. Die Formen selbst sind individuell in den Dingen und nicht allgemein. Diese bestimmte Rose ist eben eine Rose, d.h. ihr kommt die Natur der Rose zu, sie instanziiert das Rosesein. Es gibt dieses Rosesein aber nicht als solches, sondern stets nur verbunden mit zahlreichen weiteren Merkmalen in den verschiedenen

individuellen Rosen. Abstrakte Dinge existieren nicht in der realen
Welt. Erst wenn wir in der Betrachtung der individuellen Dinge,
wie der Rose, von allem Konkreten abstrahieren, erfassen wir das,
was allen Rosen gemeinsam ist und das ist die allgemeine Form der
Rose, dass abstrakte Rosesein. Der Nominalist behauptet hingegen,
dass es überhaupt keine Natur der Rose gibt, dass es nur bestimmte
individuelle Dinge gibt, die wir mit dem Namen 'Rose' bezeichnen,
dass diesem Namen aber nichts Allgemeines in den Dingen selbst
entspricht. Demgegenüber vertritt der moderate Realist die Auffassung, dass es durchaus eine allgemeine Natur der Rose oder aller
anderen Dinge gibt, und dass diese es ist, die erkannt wird, dass
diese Natur der Dinge aber nicht außerhalb der Dinge existiert, wie
dies die Platoniker oder andere radikale Realisten behaupten.

Wir haben damit nun die beiden Prinzipien der materiellen Dinge,
Materie und Form und ihr Verhältnis zueinander dargestellt. Die
Materie ist das Bestimmbare, die Form das Bestimmende. Die Veränderung oder Bewegung besteht bei den materiellen Dingen in
der Formung der Materie und dies ist zugleich die Aktualisierung
der Potenz. Die Kastanie, die bereits eine geformte materielle Entität ist, wird im Verlauf des Wachstums durch die Form entfaltet,
die bereits von Anfang an in der Materie vorhanden ist, bis nach
vielen Jahren ein großer Kastanienbaum entstanden ist, der selbst
wieder Kastanien produziert.

Kastanie und Kastanienbaum sind zusammengesetzte materielle
Dinge. Sie bestehen aus einer Form und einer Materie. Ein solches
zusammengesetztes Ding nennt man in der Philosophie eine *Substanz*. Wir haben bereits mehrfach von Substanzen gesprochen und
wollen uns nun der philosophischen Betrachtung der Substanzen
zuwenden.

Substanz und Akzidens

Das Blühen und die Blume

Bei der Analyse der Bewegung und Veränderung haben wir festgestellt, dass jede Veränderung einer Grundlage bedarf, an der alle Veränderungen geschehen, die aber selbst unveränderlich ist. Bei der substanziellen Veränderung, so haben wir festgestellt, ist diese Grundlage die erste Materie. Selbst wenn die ganze Substanz zugrunde geht, d.h. wenn sie ihre Form verliert, bleibt die Materie erhalten, aus der dann die neue Substanz aufgebaut wird. Bei jeder anderen Veränderung, also bei qualitativen, quantitativen oder sonstigen akzidentellen Veränderungen an einer Substanz ist diese selbst dasjenige, was unverändert bleibt. Diese Unveränderlichkeit ist ein Wesensmerkmal der Substanz.

Zunächst wollen wir die Frage stellen, was überhaupt eine Substanz ist. Wir wollen diese Frage so zu beantworten versuchen, dass wir, ausgehend von alltäglichen Erfahrungen, zur Erkenntnis der Substanz gelangen. Selbstverständlich ist die Substanz kein Phänomen, nicht etwas, was man als solches sinnlich wahrnehmen kann, sondern eine philosophische Schlussfolgerung, zu der man durch die Beobachtung der Phänomene gelangen kann, und die zur theoretischen Erklärung zahlreicher Phänomene dient. Ein solches Phänomen, das die Schlussfolgerung der Substanz nahelegt, ist eben die Unveränderlichkeit, die allen Veränderungen an einem Ding zugrunde liegt. Die Dinge unserer Erfahrungswelt durchlaufen ständig unterschiedliche Zustände, sie wachsen, sie bewegen sich von einem Ort zum anderen oder sie befinden sich in Ruhe, ihre Gestalt wandelt sich, es ändern sich ihre Eigenschaften und sie vergehen. Die Dinge befinden sich also in verschiedenen Zuständen, so wie wir selbst verschiedene Zustände an uns feststellen. Einmal sitzen wir, ein anderes Mal laufen wir; wir sprechen miteinander, wir denken nach, wir sehen, empfinden, wir wollen etwas. Ähnliches gilt von den meisten anderen Dingen, besonders von den Lebewesen. All diese Zustände sind aber nur Zustände und nicht die Dinge selbst, sondern es sind Zustände *der Dinge*. Sitzen oder Denken können nicht für sich selbständig bestehen. Es gibt kein

Sitzen als solches, sondern nur jemand, der sitzt. Es gibt auch kein
Blühen als solches, sondern eine Pflanze blüht. Sitzen und Blühen,
oder Denken, Laufen und Sehen sind Zustände, Eigenschaften oder
Äußerungen, die zu einem Wesen hinzukommen, es sind 'Akzidenzi-
en', *Hinzukommendes*. Sie kommen zu dem Ding hinzu, sie sind *etwas
am Ding*, an einem Wesen und nicht selbst etwas für sich. Das, was
eigentlich ist, sind die Dinge, die Träger dieser Akzidenzien sind.
Diese Dinge werden *Substanzen* genannt. Die Substanzen sind das,
was im eigentliche Sinne existiert, während die Akzidenzien, das
Hinzukommende nur durch die Substanz existiert. Substanzen sind
das im eigentlichen Sinne Seiende.

Man kann sich diesen Sachverhalt auch durch die Betrachtung unseres eigenen Lebens verständlich machen. Ich sitze jetzt hier und
schreibe. Zuvor habe ich zu Mittag gegessen, und davor war ich in
meinem Büro, um zu arbeiten. Später werde ich einkaufen gehen.
Ständig nehme ich andere Dinge wahr, meine Stimmungen und Gefühle ändern sich im Verlauf des Tages immer wieder. Doch schon
bei der Beschreibung dieser Zustände, Tätigkeiten, Eigenschaften
und Gefühle sage ich immer „ich". Ich bin es, der dies tut oder er-
leidet, und ich selbst bleibe bei all dem Wechsel derselbe. Ich bin
das Subjekt, das Zugrundeliegende aller meiner Tätigkeiten, Veränderungen und Bestimmungen, die mit mir und an mir geschehen. Wir unterscheiden zwischen dem, der denkt, fühlt, arbeitet
und schreibt und den Akten des Denkens, Fühlens und Schreibens.
Das Schreiben existiert nie für sich, sondern nur in dem, der
schreibt, in einem Subjekt. Dieses Subjekt aller Äußerungen und
Zustände nennt die Philosophie *Substanz*.

In sich sein und in einem anderen sein

So kann man zwei grundsätzlich verschiedene Arten dessen, was es
gibt, des Seienden, unterscheiden: Dinge, die *in sich selbst* existieren
und nicht in einem anderen sind, und andere Dinge, die nicht in
sich selbst existieren, sondern in einem anderen sind, nämlich in
dem, was in sich selbst ist. Erstere heißen *Substanzen*, die anderen
Akzidentien. Damit können wir bereits definieren, was eine Substanz ist: *Substanz ist ein Seiendes, das in sich und nicht in einem anderen ist.* In diesem Sinne sind Atome, Moleküle, Pflanzen, Tiere und

56

Menschen auf jeden Fall Substanzen. Inwiefern auch subatomare Teilchen, wie Elektronen, Protonen, Neutronen oder vielleicht sogar deren Bauteile Substanzen sind, ist nicht so einfach zu klären; das Gleiche gilt auch für Steine, Berge, Planeten und Sterne, aber auch für Artefakte, also für vom Menschen gefertigte Dinge. Ob diese Entitäten Substanzen sind, hängt davon ab, ob man zeigen kann, dass sie in sich bestehen und nicht in einem anderen. Für uns genügt es hier, wenn wir verstehen, was im eigentlichen Sinne Substanzen sind, nämlich alle Lebewesen und auf jeden Fall auch Atome und Moleküle. Letztere sind nicht bloß zusammengesetzte Atome, denn Salz beispielsweise ist ein aus Natrium und Chlor zusammengesetztes Molekül, das sich vollständig anders verhält und andere Eigenschaften besitzt als die Elemente, aus denen es besteht.

Insichsein ist die entscheidende Bestimmung der Substanz. Darüber hinaus sind Substanzen das, was allen Veränderungen zugrunde liegt, sie sind Träger wechselnder Eigenschaften, Tätigkeiten und Zustände jeder Art. Die Bestimmung der Substanz als Träger oder Zugrundeliegendes ist aber sekundär, eine notwendige Eigenschaft von Substanzen. Wesentlich ist das Insichsein. In der neuzeitlichen Philosophie wurde und wird vor allem das Trägersein der Substanz betont und dadurch ist ein falscher Begriff der Substanz entstanden, der im Zentrum der Kritik stand und steht. Wir kommen darauf noch später zurück.

Doch was bedeutet dieses „Insichsein und nicht in einem anderen sein"? Ein Molekül, das in einer Pflanze ist, z.B. die DNS der Pflanze, ist nicht in sich. Es ist keine Substanz, sondern ein Bestandteil der Substanz der Pflanze, denn das DNS-Molekül ist in einem anderen, der Pflanze. Die Pflanze allerdings ist in sich, sie ist selbständig. Diese Selbständigkeit ist vor allem gemeint, wenn vom Insichsein die Rede ist. Die Pflanze, wie alle anderen Lebewesen und der Mensch sind selbständig Seiende, sie verhalten sich zu sich selbst und zu ihrer Umwelt, in dem sie sich ernähren und fortpflanzen. Aber auch Atome und Moleküle, die sich natürlich nicht ernähren und fortpflanzen sind, sofern sie nicht in einem anderen sind, selbstständig. Dies gilt auch dann, wenn die Atome oder Moleküle in einer Masse zusammenhängen. Allerdings kommen hier oft weitere, neue Eigenschaften hinzu, die dem einzelnen Molekül nicht zukommen. Ein einzelnes H2O-Molekül ist nicht flüssig oder gasförmig, während ein Glas mit H2O-Molekülen, ein Glas Wasser, flüssig ist. Deshalb stellt sich bei solchen Komplexen von Molekülen die Frage, ob diese Komplexe nicht eigenständige Substanzen sind. Die Frage ist nicht ganz einfach zu beantworten und wird noch dadurch erschwert, dass man fragen kann, ab welcher Menge von H2O-Molekülen Wasser eine Substanz ist. Jedenfalls sind Substanzen Entitäten, die in sich sind, und dies besagt, dass sie selbstständig sind.

Alles, was existiert, ist entweder in sich oder nicht in sich. Wenn es in sich existiert, dann ist es eine Substanz, wenn es nicht in sich besteht, dann ist es ein Akzidenz, etwas, das zu einer Substanz hinzukommt. Sitzen gibt es nur dort, wo jemand sitzt. Deshalb ist Sitzen nicht etwas in sich Seiendes, sondern etwas an einem anderen. Derjenige allerdings der sitzt, kann auch sein, wenn er nicht sitzt. In diesem Sinne ist er in sich, selbständig. Selbstständigkeit und Insichsein bedeutet natürlich nicht, dass die Substanz völlig unabhängig existiert. Sie ist auf zahlreiche innere und äußere Bedingungen angewiesen. Selbstständigkeit ist nicht Unabhängigkeit.

Ein weiteres Kennzeichen der Substanzen ist ihre Unteilbarkeit. Jede Substanz ist etwas Abgeschlossenes und Ungeteiltes. Wer eine Substanz zum Beispiel zerschneidet, zerstört sie. Freilich gilt dies nur bis zu einem gewissen Grad, denn wir wissen, dass man bestimmte Pflanzen durchaus zerschneiden kann, und dass diese Teile sich dann wie Samen selbstständig entwickeln und zu neuen Pflanzen werden. Das Gleich trifft auch für bestimmte Tiere zu. Man kann zudem einem Lebewesen bestimmte Teile entfernen, ohne dass deshalb dieses Lebewesen aufhört zu existieren. Allerdings ist dies auch nur bis zu einem gewissen Grad möglich, und es gilt nicht für jedes beliebige Teil des Lebewesens.

Die verschiedenen Teile und Akzidenzien einer Substanz werden durch diese zu einer Einheit verbunden. Die Akzidenzien und Teile sind ja Teile und Akzidenzien ein und derselben Substanz und finden in ihr ihre Einheit. Die Akzidenzien folgen gewissermaßen aus der Substanz. So ist die Flugfähigkeit eine notwendige Eigenschaft der meisten Vögel, und die Sprachfähigkeit eine Eigenschaft des Menschen. Ein junger Vogel, der noch nicht fliegen kann, hört deshalb nicht auf ein Vogel zu sein, selbst dann nicht, wenn er das Fliegen nie erlernen würde. Zudem gibt es Vögel, zu deren notwendigen Eigenschaften nicht die Flugfähigkeit gehört. Entsprechendes gilt auch für Menschen. Ein Mensch der nicht sprechen kann, hört deshalb nicht auf, ein Mensch zu sein, selbst dann nicht, wenn er durch irgendeine Art der Behinderung nie dazu in der Lage sein wird.

Man versteht das, was die Substanz ist, vielleicht besser, wenn man deutlich macht, was sie nicht ist. Deshalb ist es sehr hilfreich, sich mit verschiedenen falschen Auffassungen der Substanz, wie sie seit der frühen Neuzeit bis in unsere Zeit immer wieder vertreten wurden, auseinanderzusetzen.

Argumente gegen Substanzen

Sehr einflussreich war die Auffassung *Descartes*, der die Substanz definierte als ein Ding, das zu seinem Dasein keines anderen Dinges bedarf. Hier verwechselt Descartes gleichsam Selbstständigkeit mit Unabhängigkeit. Man wird leicht einsehen, dass es keine geschaffene Substanz gibt, die im vollen Wortsinne unabhängig ist. Also bleibt nur Gott übrig. Nach Descartes gibt es deshalb nur eine einzige Substanz, und das ist Gott. Die geschaffenen Dinge sind nach Descartes keine echten Substanzen. Diese Theorie ist auch insofern problematisch, als sie einer ganze Reihe von Phänomen, die wir zum Teil zuvor beschrieben haben, nicht gerecht wird und die Realität der Welt deutlich verkürzt. Zudem hat die Theorie Descartes zumindest in der Tendenz einen Pantheismus zur Folge. Pantheismus ist eine Theorie, nach der alles, was es gibt, in gewisser Weise göttlich ist.

Spinoza ist dann konsequent, indem er die Lehre Descartes weiterentwickelt und direkt und offen eine pantheistische Auffassung der Substanz verteidigt. Nach Spinoza gibt es ebenfalls nur eine Substanz, die er definiert, als das, „was in sich ist und aus sich begriffen wird", d.h. dessen Begriff keines anderen bedarf. Diese Definition der Substanz trifft natürlich nur auf Gott zu. Doch Spinoza geht weiter, indem er behauptet, dass alles andere nur eine Darstellung Gottes ist. Es gibt genau zwei unterschiedliche Weisen, in denen Gott sich darstellt, nämlich als Ausdehnung und als Denken. Ausdehnung und Denken sind die zwei „Attribute" Gottes, wie Spinoza sagt und diese beiden Attribute sind vollständig in Übereinstimmung, da sie Gott selbst darstellen. Die einzelnen Dinge - Rosen, Hühner, Milchkühe oder was auch immer - sind nichts anderes als „Modi", Modifikationen dieser Attribute Gottes. Als materielles Wesen ist auch der Mensch Teil der Welt der Ausdehnung, doch als Denkender ist er zugleich Teil des göttlichen Attributs des Denkens. Jeder einzelne Gedanke ist ein Modus des göttlichen Denkens. Eigentlich ist es Gott, der in uns denkt, und nicht wir selbst sind es, die denken.

Auch hier, in der Philosophie Spinozas wird, wie schon bei Descartes, die Substanz viel zu eng gefasst, nämlich als Unabhängigkeit oder als Ansichsein. Ansichsein bedeutet Unabhängigkeit und Ursachelosigkeit, was natürlich nur Gott zukommen kann. Während die klassische Philosophie eine Vielzahl von Substanzen annimmt, deren Wesensmerkmal ‚nur' das Insichsein ist, ergänzen Descartes und Spinoza dies durch das Ansichsein. Damit bleibt notwendigerweise nur eine einzige Substanz übrig, und alles andere wird zur Erscheinung dieser Substanz.

Leibniz versteht unter der Substanz ein Ding, das mit Kraft begabt ist. Diese Definition der Substanz unterscheidet sich deutlich von seinen Vorläufern Descartes und Spinoza, aber auch von der klassischen, aristotelischen Auffassung der Substanz, denn die Kraft ist bei letzterer eine mögliche Bestimmung der Substanz. Nach Aristoteles und der ihm folgenden scholastischen Philosophie des Mittelalters, wirkt jede Substanz entsprechend ihres Wesens. Ein Hund bellt und der Mensch denkt. Diese Tätigkeiten oder Kräfte, um mit Leibniz zu reden, folgen aus dem Wesen der jeweiligen Substanz. Was die Scholastik als die ‚Natur' einer Substanz bezeichnet, ist das Prinzip seiner Tätigkeit, also seine Kraft. Leibniz versucht mit seiner Definition der Substanz sich von einem statischen Begriff der Substanz zu lösen, den er der aristotelisch-scholastischen Philosophie unterstellt, und demgegenüber einen dynamischen Begriff der Substanz zu entwickeln. Doch das Wesen der Substanz, das, was die

Substanz zu einer Substanz macht, liegt nicht in seiner Tätigkeit, wie Leibniz meinte. Die Kraft hat einen Träger, es gibt eine Substanz, die Kraft und Tätigkeit besitzt. Das Wesen der Substanz ist das Insichsein, und dieses ist auch die Bedingung der Kraft bzw. der Tätigkeit der Substanz. Etwas, das nicht in sich ist, kann nicht wirken. Leibniz dreht die Verhältnisse gewissermaßen um. Auch in der Gegenwartsphilosophie gibt es Philosophen, die diese Auffassung wieder aufgegriffen haben. Am bekanntesten im deutschen Sprachraum ist Uwe Meixner (1997), der Substanzen als Agentia, als etwas Wirkendes oder Tätiges, versteht. Diese Auffassung ist zwar nicht identisch mit der Leibniz', aber gleichwohl ähnlich. Nach der scholastischen Substanztheorie folgt die Tätigkeit, wie gesagt, aus der Substanz und ist nicht mit dieser identisch.

Neben diesen unterschiedlichen Auffassungen der Substanz - es ließen sich noch eine ganze Reihe weiterer Auffassungen nennen - gibt es zahlreiche Gegner der Substanz. Eine kurze Diskussion der Philosophien, die einen Substanzbegriff mehr oder weniger ablehnen, wird unser Verständnis der Substanz weiter vertiefen.

Da ist zunächst die in Deutschland viel gepriesene Philosophie *Immanuel Kants*. Für Kant gibt es keine realen Substanzen, sondern nur subjektive Denkformen, zu denen auch die Substanz gehört. Die Substanz ist eine Bedingung der Möglichkeit der Erkenntnis, durch die wir die verschiedenen Sinnesdaten zu einer Einheit verbinden. Hier ist die Substanz ebenfalls vor allem ein Träger von Eigenschaften, wenn auch in einer bloß subjektiven Art und Weise.

Weit radikaler ist *David Hume*, der englische Empirist, von dem sich Kant durch seine Transzendentalphilosophie abzusetzen versuchte. Für David Hume sind die einzigen Dinge, die es gibt, die Sinnesdaten, sinnliche Empfindungen. Da Substanzen nicht sinnlich gegeben sind, gibt es auch keine Substanzen. Die empiristische Ablehnung der Substanzen als Bestandteile der Welt geht zurück auf John Locke, der von Substanzen behauptet, sie seien „something we know not what". Hume greift diesen Gedanken auf und argumentiert, da wir von Substanzen keinen Sinneseindruck haben, gibt es sie auch nicht. Eine billige Antwort auf dieses Argument besteht in dem Hinweis, dass das Fehlen eines Sinneseindrucks kein

Beweis gegen die Existenz von Substanzen ist. Auch andere Entitäten, die wissenschaftlich nicht beobachten werden können, werden gleichwohl von der Wissenschaft als existierend angenommen. Dazu gehören Kräfte, Felder oder Bausteine der Atome, die selbst nicht beobachtbar sind, sondern auf die man allenfalls durch deren Wirkungen schließen kann.

Wichtiger ist jedoch ein anderes Argument gegen Hume und andere Empiristen, nämlich die Frage, was denn Beobachtbarkeit bedeutet. Zunächst wird von keinem Scholastiker behauptet, dass Substanzen beobachtbar sind. Weiterhin ist die Unterstellung von Locke und Hume, Substanzen seien bloß Träger von Eigenschaften und anderer Bestimmungen, wie wir gesehen haben, schlicht falsch. Zum anderen kann man bei einem nicht empiristisch verengten Begriff der Erkenntnis durchaus Substanzen erkennen, wie wir schon zuvor deutlich gemacht haben. Die verschiedenen beobachtbaren Erscheinungen, wie zum Beispiel Sitzen oder Laufen oder bestimmte Farben und andere Bestimmungen gibt es nicht einfach an sich. Sie müssen an etwas Anderem sein, das im Unterschied zu diesen Bestimmungen „in sich" und damit selbstständig ist. Und dies ist mehr als bloß Träger von Bestimmungen zu sein.

In Teilen der gegenwärtigen analytischen Philosophie, besonders in den Strömungen, die in der empiristischen Tradition wurzeln, gibt es eine Ontologie, die besonders deutlich Substanzen ablehnt. Dieser Theorie, die sich *Tropentheorie* nennt, wollen wir uns zum Schluss unserer Auseinandersetzung mit Kritikern der Substanz zuwenden, zumal diese Richtung in der Gegenwartsphilosophie einflussreich ist und zugleich die Argumente Lockes und Hume wieder aufgreift.

Unter einem Trope (was nichts mit den schwülen Tropen zu tun hat), versteht diese Philosophie eine individuelle, einzelne Eigenschaft, wie diese bestimmte Braunfärbung der Kastanie. Alles, was es gibt, sind nun nach dieser Theorie konkrete einzelne Eigenschaften, Merkmale oder Kennzeichen. Dinge sind nichts anderes als Komplexe solcher individuellen Eigenschaften. Also diese bestimmte Braunfärbung, diese bestimmte Gestalt und Größe, diese Glätte, Festigkeit und so weiter ist das, was wir gemeinhin eine Kastanie nennen. Entsprechend können Substanzen nach Auffassung der Tropentheorie als Bündel von individuellen Eigenschaften analysiert werden. Es gibt von verschiedenen Seiten, nicht nur von scholastischen Essentialisten, Kritik an der Tropentheorie. Der scholastische Essentialist David Oderberg hat eine besonders überzeugende Kritik an dieser Theorie vorgelegt (2007, 77f.). Er beweist, dass jede Tropentheorie falsch ist, weil sie das Problem der ontologischen Abhängigkeit der Tropen, also der konkreten, individuellen Einzelbestimmungen von Substanzen, nicht zu lösen vermag. Die Röte, so Oderberg, eines bestimmten Apfels ist ein Merkmal des Apfels und bedarf des Apfels, um zu existieren, und dies kann durch die Tropentheorie nicht erklärt werden.

Kurz sei noch eine weitere philosophische Position zu Substanzen erwähnt. Diese Ontologie nennt sich *Sachverhalts-* oder auch *Tatsachenontologie*, und wie dieser Name schon sagt, behaupten Vertreter dieser Ontologie, dass die fundamentale Kategorie nicht Dinge oder Substanzen, sondern Sachverhalte sind. Bekannte Vertreter dieser Schule sind Gustav Bergmann, Reinhard Grossmann, David Armstrong, und in Deutschland Erwin Tegtmeier. Diese Philosophen lehnen nicht grundsätzlich Substanzen ab, begreifen diese aber als bloße Träger von äußerlichen Eigenschaften und stimmen hier wieder mit dem Empirismus überein. Substanzen haben nach dieser Theorie überhaupt keinerlei eigene Bestimmungen, sie sind bloße „bare particulars", wie der englische Fachausdruck lautet, also nackte Individuen, deren einzige Aufgabe darin besteht, die als Universalien verstandenen Eigenschaften zu individuieren. Da diese Ontologie Eigenschaften und Relationen als Universalien verteidigt, hat sie zwar nur relativ wenige Anhänger, ist aber im Vergleich zu den anderen zuvor vorgestellten Philosophien – meiner Meinung nach – deutlich konsistenter. Die Sachverhaltsontologie hat eine gewisse Ähnlichkeit mit der zuvor vorgestellten Tropentheorie, allerdings sind in der Sachverhaltsontologie die Eigenschaften nicht individuell, sondern universal, allgemein, d.h. jede Eigenschaft oder Bestimmung existiert genau ein einziges Mal und wird von verschiedenen „Substanzen" exemplifiziert, die diese Eigenschaft oder Bestimmung besitzen. Exemplifikation wird dabei als eine primitive Relation verstanden, als ein Verbinder, der Eigenschaften äußerlich mit Individuen („Substanzen") zu Komplexen verbindet (bei Tegtmeier ist die Exemplifikation kein Verbinder, sondern eine Form von Sachverhalten, vgl. Tegtmeier 1992, 177).

Ein möglicher Einwand gegen diese Ontologie besteht in dem Hinweis, dass Dinge wesentliche Bestimmungen haben, die gerade das ausmachen, dass sie dieses Ding sind. Eine Kastanie hat ihr „Kastaniensein" nicht äußerlich, sondern es ist das, was sie gerade als Kastanie auszeichnet und ihre anderen Eigenschaften bestimmt.

Das, was hinzu kommt

Wir verlassen hier die Auseinandersetzung mit kritischen Positionen zur klassisch-aristotelischen Substanzphilosophie und wenden uns den Akzidenzien zu. Wie das aus dem lateinischen abgeleitete Wort sagt, sind Akzidenzien etwas Hinzukommendes. Sie kommen zur Substanz hinzu. Die wesentliche Bestimmung der Akzidenzien ist es, wie schon zuvor gesagt, nicht in sich zu sein, sondern in einem anderen, nämlich der Substanz. Alles, was zu einem Insichseienden hinzukommen kann, sei es eine Tätigkeit oder ein Zustand, eine Qualität, eine Quantität, eine Beziehung usw. ist ein Akzidens. Ein solches Akzidens kann nicht für sich bestehen, sondern nur in bzw. an einer Substanz. Die Bräune der Kastanie gibt es nicht ohne eine Kastanie oder eine andere Substanz, die braun gefärbt ist.

Ein Akzidens steht also in dreifacher Beziehung zu einer Substanz: es existiert *an* der Substanz und ist von der Substanz hinsichtlich seiner Existenz *abhängig*, aber es *vervollständigt* auch die Substanz, denn es gibt keine materielle Substanz ohne Akzidens.

Einige der wichtigsten Akzidenzien wollen wir hier kurz nennen. Nach Aristoteles gibt es zehn Kategorien, in die man alles, was es überhaupt gibt, einteilen kann. Die Grundkategorie ist die Substanz, die anderen neun Kategorien sind die Akzidenzien. Es sind nach Aristoteles: Quantität, Qualität, Relation, Tätigkeit und Erleiden, Wo, Lage, Wann und Anhaben. Wir wollen hier nur auf die ersten vier kurz eingehen.

Die *Quantität* bezeichnet primär die Ausdehnungsgröße von körperlichen, materiellen Substanzen. Jeder Körper besteht aus zusammenhängenden, räumlich aneinander liegenden Teilen. Zur Quantität gehört außerdem die Zahl, die durch die Vielheit der voneinander getrennten Ausdehnungsgrößen gegeben ist. Eine allgemeine Definition der Quantität lautet, sie ist die „Ordnung der Teile im körperlichen Ganzen" (Kälin, 122).

Die *Qualität* ist das, was die Philosophen im Besonderen meinen, wenn sie von einer Eigenschaft sprechen. Im weitesten Sinne ist die Qualität eine „Beschaffenheit jeden Inhalts (sei er substantiell oder akzidentell), der von einem Subjekt ausgesagt werden kann" (Kälin, 123). Im engeren Sinne, also im Sinne einer Kategorie, einer Bestimmung die einer Substanz zukommt, meint Qualität eine so und so Beschaffenheit. Es gibt eine Unzahl verschiedener Qualitäten, die die scholastischen Philosophen eingeteilt haben, doch wollen wir diese Einteilungen hier nicht näher ausführen. Bei der Kastanie sind die qualitativen Akzidenzien zum Beispiel die braune Farbe, die bestimmte Kastaniengestalt, die Festigkeit und so weiter. In verschiedenen modernen philosophischen Ansätzen wird gelegentlich das „Kastanie-Sein" als eine Qualität bzw. als Eigenschaft bezeichnet. Dies ist allerdings keine Eigenschaft, sondern gerade das *Wesen* der Kastanie. Aus dem Wesen folgen die verschiedenen Eigenschaften bzw. sie hängen mit diesem Wesen zusammen. Antiessentialistische Philosophien bestreiten, wie wir schon sagten, dass es Wesenheiten gibt, weshalb sie so etwas wie die Kastanie oder überhaupt Dinge als Eigenschaft kategorisieren müssen, und zwar als notwendige Eigenschaft.

Ein weiteres Akzidenz ist die *Relation*, die Beziehung. Die Anerkennung von realen, echten Relationen kann man als ein Kriterium für eine realistische Philosophie ansehen. Nominalisten, insbesondere moderne Tropenontologen, bestreiten nicht, dass es Eigenschaften gibt, wenn sie diese auch bloß als individuelle Eigenschaften anerkennen. Sie leugnen allerdings entschieden, dass es Relationen gibt. Andere moderne Philosophien, die Universalien anerkennen, wie die bereits erwähnten Sachverhaltsontologien, unterstellen der aristotelisch-scholastischen Philosophie ein schwerwiegendes Unverständnis der Relationen, bzw. oftmals sogar, dass diese überhaupt echte Relationen nicht anerkennt. Diese Behauptungen beruhen allerdings auf einem Missverständnis der aristotelisch-scholastischen Philosophie. Im Unterschied zu modernen Universalienrealisten unterscheiden die scholastischen Philosophen allerdings sehr verschiedene Arten von Relationen, von denen nur eine bestimmte Art real ist. Im kategorialen Sinn sind Relationen oder Beziehungen Verhältnisse, die einem Ding äußerlich zukommen. Dies ist ein wesentlicher Unterschied von Eigenschaften und auch Quantitäten zu Relationen. Erstere sind dem Ding innerlich, Relationen hingegen sind den Dingen äußerlich.

Die wichtigste Unterscheidung relationaler Ausdrücke ist die zwischen logischen und echten, realen Relationen. In der modernen analytischen Philosophie fehlt diese Unterscheidung weitgehend, und alle Relationen werden mehr oder weniger gleich behandelt. Allenfalls macht man eine Unterscheidung zwischen internen und externen, inneren und äußeren Relationen, wobei erstere als nicht reale Relationen behandelt werden. Eine innere Relation in dieser Terminologie ist eine solche, bei der die Teile innerhalb eines Ganzen oder eine Menge zueinander in Beziehung stehen. In der klassischen Philosophie wird der Begriff der logischen, nicht-realen Relationen weiter gefasst und jede Relation als logisch verstanden, die die Bedingungen einer realen Relation nicht erfüllt. Daher wollen wir zunächst diese *Bestimmungen der realen Relation* nennen, um zu beurteilen, welche Relationen nicht-real sind.

Real ist jede Relation, die unabhängig von unserem Denken besteht. Dazu gehört die Relation der Freundschaft (auch der Liebe) oder die Mutter-Kind-Beziehung. Die Definition der realen Beziehung lautet entsprechend, dass es sich dabei um eine solche Relation handelt, durch die die Substanz wirklich auf etwas anderes hingeordnet ist. Hierzu sind vier Bedingungen erforderlich und nur eine Relation, die alle vier Bedingungen erfüllt, ist eine echte Beziehung (vgl. Kälin, 127):

1. Zunächst muss dasjenige, das sich auf ein Anderes bezieht – es heißt *Subjekt* – real sein;
2. Das, worauf es sich bezieht, – in scholastischer Terminologie *Ziel* genannt –, muss ebenfalls real sein;

3. Beide, dasjenige, welches sich auf etwas Anderes bezieht und dasjenige, worauf es sich bezieht, – also Subjekt und Ziel –, müssen wirklich verschieden sein;

4. Das Relationsfundament, das ist jenes, weshalb sich das Eine auf das Andere bezieht, muss ebenfalls real sein. Unter dem Relationsfundament versteht man zum Beispiel die Tätigkeit, die Freundschaft, die Liebe, die Erziehung usw., also das, was man als die Beziehung selbst bezeichnen könnten, den Relationsausdruck.

Beispiele echter Relationen, die alle diese vier Bedingungen erfüllen, sind, die Vaterschaft, also die Beziehung des Vaters zu seinem Kind. Der Vater ist ein reales Wesen, ebenso wie das Kind, und natürlich sind beide real verschieden, und das Fundament dieser Beziehung ist eben die Vaterschaft. Das Gleiche gilt auch für die Relationen der Gleichheit und Verschiedenheit, während die Relation der Identität, sofern diese als Beziehung eines Dinges zu sich selbst verstanden wir, eine logische und keine echte Beziehung ist. Auch die Beziehung von Subjekt und Prädikat im Satz ist offensichtlich eine logische, gedankliche Relation, aber auch die Beziehung der Eigenschaft zur Substanz. Diese Beziehung wird in der Sachverhaltsontologie als echte, sogar fundamentale Relation verstanden. Hingegen ist das Aufliegen des Buches auf dem Tisch eine echte Beziehung, denn sowohl der Tisch als auch das Buch sind real verschiedene Gegenstände, und das Aufliegen ist ein reales Beziehungsfundament. Auch zahlreiche räumliche Beziehungen sind ebenso real, wie beispielsweise die Ursache-Wirkungsrelation.

Das letzte der Akzidenzien, das wir noch kurz besprechen wollen, ist die *Tätigkeit* bzw. das *Erleiden*. Unter einer Tätigkeit im Sinne versteht man ein solches Akzidens, wodurch ein Tätiges eine echte Wirkung hervorbringt. Jede Substanz ist ihrem Wesen entsprechend tätig und diese Tätigkeit führt zu einer Wirkung in einem Anderen. Das dieser Tätigkeit entsprechende Akzidens ist das Erleiden oder Empfangen, durch das etwas eine Tätigkeit aufnimmt. Beide müssen stets zusammen vorhanden sein, denn eine Tätigkeit, die nicht auf eine empfangsbereite andere Substanz trifft, erzielt keine Wirkung. Beim Tun und Erleiden handelt es sich natürlich um eine reale Beziehung. In dieser Kategorie kommt die Akt-Potenz-Theorie, die wir schon kennengelernt haben, erneut zur

Anwendung. Wenn ich beim Billardspiel mit dem Coe die Billardkugel anstoße, dann kann diese Tätigkeit bei der Kugel nur insofern eine Wirkung erzielen, als die Kugel diese Wirkung aufnehmen kann und sich bewegt. Der gleiche Stoß gegen einen 20 kg schweren Stahlwürfel hätte keine Wirkung, außer vielleicht eine nur messbare Erschütterung des Stahlwürfels. Ähnliches gilt selbstverständlich auch für natürliche Vorgänge. Der Gesang der Amsel erzielt genau dann eine Wirkung, wenn ein Amselweibchen in hörbarer Nähe ist und zugleich für diesen Gesang empfangsbereit. Hat das Amselweibchen bereits einen Partner gefunden, bleibt der Gesang wirkungslos. Wie dies für unsere Kastanie aussieht, können Sie selbst überlegen.

Die moderne Philosophie, die solche Kategorien oftmals nicht kennt, erklärt die mit Tätigkeit und Erleiden beschriebenen Phänomene durch naturwissenschaftliche Gesetze. Doch sind diese Gesetze keine wirkliche Erklärung, denn sie beschreiben bestimmte Vorgänge in der Natur nur. Warum der Gesang des Amselmännchens auf das Amselweibchen eine Wirkung ausübt, nicht jedoch auf den Spatz, muss eine Ursache haben, die im Weibchen selbst ist. Das Beispiel mag etwas einfach sein und für die Meisten offensichtlich, doch deshalb ist es nicht weniger wahr und lässt sich analog in allen natürlichen Vorgängen anwenden. Die klassische Philosophie ist stets bestrebt, alle Phänomene auf die Substanz oder ihre Akzidenzien zurückzuführen und hört mit ihren Fragen nicht auf, wenn ihr auch die bestimmenden Naturgesetze bekannt sind. Man kann an jedem Naturgesetz die Frage stellen, warum es sich so verhält, warum diese Beziehung zwischen Ursache und Wirkung besteht, und was dies in den Dingen, die durch die Naturgesetze beschrieben werden, voraussetzt.

Wir kommen damit zum Schluss dieses Kapitels und fassen das Gesagte noch einmal kurz zusammen. Die Fragestellung dieses Kapitels ist, was die Grundlage der Veränderung ist, oder anders gesagt, was bei aller Veränderung an den Dingen das Gleichbleibende ist. Mit Blick auf alltägliche Erfahrungen, nach der es kein Gehen oder Zwitschern, keine Farbe oder keine Gestalt und Größe gibt, ohne dass es etwas gibt, das geht oder zwitschert, das farbig ist, eine bestimmte Gestalt und Größe hat, kamen wir zum Begriff der Substanz. Die Substanz ist das was unveränderlich bleibt, selbst wenn sich vieles an ihr verändert, und sie ist der Träger aller Bestimmungen und Veränderungen an ihr. Wir haben dann genauer zu bestimmen versucht, was denn die Substanz ist und sind so zur Definition der Substanz als dem gelangt, was in sich ist und nicht in einem anderen. Alle anderen Bestimmungen der Substanz, wie ihre Beständigkeit, dass sie Träger von Bestimmungen ist, und dass sie unveränderlich ist, sind Folgen dieses Insichseins.

Anschließend haben wir uns sowohl mit verschiedenen anderen Substanzauffassungen auseinandergesetzt, als auch mit philosophischen Positionen, die Substanzen vollständig ablehnen. Dies sollte insbesondere dem Zweck dienen, den Begriff der Substanz besser zu verstehen, so wie er zur „Philosophie des gesunden Menschenverstandes" gehört.

Schließlich haben wir die Akzidenzien zu bestimmen versucht als dasjenige, das nicht in sich, sondern in einem anderen ist. Aristoteles nennt insgesamt neun Akzidenzien, von denen wir die Quantität, die Qualität, die Relation und Tun und Leiden etwas genauer betrachtet haben.

Nach all dem, was wir bereits kennengelernt haben, sind wir nun in der Lage uns den Wesenheiten zuzuwenden.

Wesenheit und Existenz

Was etwas ist

Vieles von dem, was wir über die Substanz gesagt haben, trifft auch auf die Wesenheiten zu, denn jede Substanz hat eine Wesenheit. Das Wort „Wesen" oder „Wesenheit" ist auch in der deutschen Alltagssprache nicht ungewöhnlich. Wir sprechen davon, dass eine bestimmte Sache ‚wesentlich' ist und bezeichnen etwas anderes als ‚unwesentlich'. In der Philosophie hat das Wort „Wesen" oder „Wesenheit" eine genau bestimmte Bedeutung, wenn diese auch nicht bei allen Philosophen einheitlich ist. In der aristotelisch-scholastischen Philosophie allerdings gibt es eine bei fast allen Philosophen gleiche Bedeutung des Wortes „Wesen". Das Wesen von etwas ist das, was auf die Frage, *was* etwas ist, antwortet. Das Wesen ist dementsprechend das, *was* etwas ist, und zwar was es hinsichtlich seiner genau bestimmten Art ist. Wenn mich jemand, der keine Kastanien kennt, fragt, was das dort sei, was vor seinem Fuß auf dem Boden liegt, so werde ich ihm darauf antworten, dass es eine Kastanie ist. Und wenn ich ihm von Susanne erzähle, die Kastanien sammelt, und er fragt mich, was denn Susanne ist, so werde ich sagen, Susanne sei ein Mensch. Kastanie und Mensch sind Wesenheiten, ebenso wie Orchidee, Dackel, Topf, Quadrat, die Zahl vier, aber auch Fahren, Singen, Freundschaft usw. Alles, was es überhaupt gibt, hat eine Wesenheit, und hier liegt der Unterschied zu den Substanzen, denn nicht alles, was es gibt, ist eine Substanz; z.B. sind Artefakte, wie wir sahen, keine Substanzen, aber auch Artefakte haben ein Wesen. Im weiteren Sinne haben auch alle Akzidenzien ein Wesen; oftmals sprechen die Philosophen dann nicht von Wesen, sondern von Sosein, aber dies macht hier keinen großen Unterschied. Wesen meint das, *was* etwas ist und es ist auch dasjenige, wodurch etwas das ist, *was* es ist, das *Wassein*.

Die Theorie, dass alles, was es überhaupt gibt, ein echtes, reales, von unserer Erkenntnis unabhängiges Wesen hat, wird *Essentialismus* oder auch *realer Essentialismus* genannt. Dieser unterscheidet sich von anderen Arten des Essentialismus, die wir später noch kennenlernen werden.

Nun wird sich vermutlich der Fragende, dem ich mit dem Hinweis auf diese mehr oder weniger runde, braune Kugel sage, es sei eine Kastanie, mit der Antwort kaum zufrieden geben, denn er weiß jetzt allenfalls, wie man dieses Ding nennt und noch nicht, *was* es ist. Dies war aber seine Frage als er mich fragte, *was* das da ist. Auf die Frage nach dem Wesen von etwas, antwortet man deshalb nicht mit einem Namen, sondern im philosophischen Diskurs wird das Wesen einer Sache durch die *Definition* bestimmt. Die Definition ist das, was das Wesen einer Sache bezeichnet, was dieses Wesen ist. Dabei ist die Definition nicht zuerst im Sinne von Erkenntnis zu verstehen, denn nicht jede Sache ist auch tatsächlich von uns definierbar. Gemeint ist vielmehr, dass jede Sache eine bestimmte Sache ist, auch wenn dessen Bestimmtheit uns nicht immer ganz klar ist. Eine echte Definition, eine *Realdefinition*, ist eine solche Bestimmung, die sagt, *was* etwas ist. Und diese Definition ist nicht willkürlich, sie wird nicht durch den oder die Definierenden bestimmt, sondern wenn es eine wahre Definition sein soll, dann muss sie mit der Sache selbst, mit dem Wesen übereinstimmen. Wir werden später zum Problem der Definition zurückkommen. Hier sollen nur einige Beispiele genannt werden, wie man durch eine Definition das Wesen einer Sache bestimmt. Bezüglich der Kastanie würde ich auf die Frage, was denn eine Kastanie ist, vermutlich antworten, dass sie der Samen eines Kastanienbaums ist. Vermutlich ist dies keine vollständige Definition der Kastanie, doch darauf kommt es zunächst auch nicht an; vermutlich lassen sich die meisten Dinge nicht vollständig definieren. Eine Ausnahme bilden die mathematischen und geometrischen Wesenheiten. Was ein Dreieck ist, kann man ganz präzise bestimmen, nämlich durch die Definition, dass ein Dreieck eine geometrische Form mit drei Winkeln ist, deren Winkelsumme der zweier rechter Winkel entspricht, oder, was dasselbe ist, dessen Winkelsumme 180° beträgt. Was eine Kastanie oder ein Kastanienbaum ist, kann man nicht in solcher Klarheit bestimmen, denn unsere Erkenntnis der materiellen Welt ist sehr unvollständig und unvollkommen.

Doch kehren wir zunächst noch einmal zurück zu dem, was die Wesenheiten auszeichnet. Eine Wesenheit ist stets *unveränderlich*. Das Wesen der Kastanie oder das Wesen einer Orchidee, eines Dackels oder eines Topfes ist immer dasselbe, so viele verschiedene Orchideen, Dackel oder Töpfe es auch geben mag. In gewisser Weise kann man deshalb tatsächlich sagen, dass Wesenheiten *ewig* sind, allerdings darf dies nun wieder nicht in einem platonischen Sinne verstanden werden. Die wirkliche Wesenheit einer Kastanie bzw. eines Kastanienbaums gibt es nur insofern, als es zumindest einen Kastanienbaum gibt, der diese Wesenheit instanziiert, oder zumindest einmal instanziiert hat. Sehr viele Wesenheiten gibt es heute nicht mehr und von einem Teil dieser Wesenheiten wissen wir etwas, zum Beispiel von Dinosauriern, von anderen hingegen wissen wir nicht einmal, dass es sie je gab. Deshalb unterscheidet man *physische, metaphysische* und bloß *mögliche Wesenheiten.* Eine physische Wesenheit ist eine solche, die es wirklich gibt, die aktuell instanziiert ist, wie z.B. die Wesenheit des Kastanienbaums. Eine metaphysische Wesenheit ist eine solche, bei der man offen lässt, ob sie existiert oder nicht existiert, und die bloß möglichen Wesenheiten sind solche, die nicht wirklich existieren, aber zumindest grundsätzlich existieren könnten.

Jedenfalls ist das Wesen einer Sache unveränderlich bestimmt und ändert sich nicht. Wenn etwas tatsächlich anders ist, dann ist es eine andere Wesenheit. Weiterhin sind Wesenheiten *unteilbar.* Dies bedeutet, dass man einer Wesenheit kein Merkmal hinzufügen oder wegnehmen kann, ohne das die Wesenheit aufhört eben diese Wesenheit zu sein. Daraus folgt wiederum, dass Wesenheiten *notwendig* sind, d.h. sie können unmöglich nicht sein. Die Wesenheit der Kastanie ist dieser notwendig bedeutet also, wenn die Kastanie nicht diese Wesenheit hat, dann ist es keine Kastanie. Und alle Merkmale, die eine Kastanie zu einer Kastanie machen, sind notwendig dazu, dass es eine Kastanie ist. Eine Kastanie, die nicht der Samen eines Kastanienbaums ist, ist eben keine Kastanie. Ein Dreieck, dessen Winkelsumme nicht 180° hat, ist eben kein Dreieck.

Die Wirklichkeit der Wesenheiten, dass diese nicht nur etwas von uns Erdachtes sind, sondern dass sie real und unabhängig von uns existieren, wird von den verschiedenen antiessentialistischen Strömungen, besonders vom *Nominalismus* bestritten. Aber auch die Phänomenologie Husserls, die Wesenheiten anerkennt, bestreitet dass diese real sind, oder zumindest lässt sie diese Frage offen. Wir wollen deshalb zunächst die objektive Realität der Wesenheiten begründen. Dies lässt sich auf verschiedene Weise tun. Durch den Hinweis auf die Einheit und Vielfalt der Dinge unserer Welt gibt es einen Weg zum Verständnis der Realität der Wesenheiten (vgl. Oderberg, 44ff.).

Einheit, Vielheit und Wesenheit

Die vielen unterschiedlichen Dinge unserer Welt haben alle gemeinsame Merkmale, und wenn sie auch noch so verschieden sind, so kommt ihnen zumindest als gemeinsames Kennzeichen zu, dass sie sind, dass sie *Sein* haben. Diese Gemeinsamkeit oder Einheit der Dinge lässt sich nun durch das Prinzip der Wesenheiten verständlich machen. Man kann zwei Arten der Einheit unterscheiden. Zunächst gibt es verschiedene Dinge, die unter eine gemeinsame Art fallen. So gibt es eine große Vielfalt von Finken, die alle Finken sind. Dass sie Finken sind, ist ihnen allen gemeinsam. Hierauf könnte man natürlich erwidern, dass diese Gemeinsamkeit den verschiedenen Dingen von uns zugesprochen wird, dass diese Einheit der vielen Finken letztlich subjektiv oder intersubjektiv bestimmt ist. Doch dann stellt sich die Frage, von woher wir diese Bestimmung der Gemeinsamkeit gewinnen. Ist sie bloß ausgedacht wie Einhörner und fliegende Pferde und goldene Berge? Wir alle entdecken doch diese Gemeinsamkeit der verschiedenen Finken oder der zahlreichen unter verschiedenen Bäumen liegenden Kastanien. Es gibt natürlich Klassifikationen, Einteilungen, die konventionell sind, die von uns nach bestimmten Gesichtspunkten durchgeführt werden. Die Einteilung der Aktenordner in meinem Büro ist eine solche konventionelle Einteilung. Doch es gibt auch eine objektive Einheit der verschiedenen Dinge einer Art, eine Einteilung, die wir deshalb so vornehmen, weil sie dem entspricht, was wir in der Wirklichkeit entdecken. Und das, was unserer Einteilung entspricht, das, wonach wir die Vielheit der verschiedenen Dinge ordnen, ist deren Wesenheit. Mit Blick auf das Wesen der Dinge teilen wir diese in bestimmte Arten ein. Wesenheiten sind somit dasjenige, was die objektive Einheit der verschiedenen Dinge zu erklären vermag.

Die zweite Art der Einheit ist die schon früher angedeutete, nämlich die Einheit der verschiedenen Teile innerhalb eines Dinges. Ich habe zwei Arme, zwei Beine, einen Kopf, verschiedene innere Organe und verschiedene Eigenschaften, Fähigkeiten, Vermögen usw. Alle diese verschiedenen Organe, Teile und Eigenschaften sind zu einer Einheit verbunden, sie sind das, was ich bin. Die Frage lautet nun, wie kann man philosophisch diese Einheit der verschiedenen Teile, Bestimmungen usw. erklären? Hinzu kommt noch ein weiterer Aspekt dieses Problems, nämlich die Einheit und Identität durch die Zeit. Selbst wenn einige meiner Eigenschaften, Fähigkeiten, Bestimmungen usw. wechseln, bleibe ich derselbe. Das acht Monate alte Baby, das auf dem Teppich krabbelte, und der 34 jährige Techniker, der an der Entwicklung einer Maschine arbeitet, sind ein und dieselbe Person, obwohl jemand, der diese Person zuletzt im Alter von acht Monaten gesehen hat, ihn jetzt nicht wiedererkennen würde. Diese Phänomene können nicht anders als durch Wesenheiten erklärt werden. Jede andere Erklärung der Einheit der verschiedenen Teile eines lebendigen Ganzen oder der Identität durch die Zeit muss notwendig scheitern. David Oderberg (44-47) und auch andere Essentialisten haben dies überzeugend begründet. Es ist die Wesenheit des Technikers, die ein und dieselbe ist, als er noch als Säugling auf dem Boden krabbelte, und die auch heute noch als exakt dieselbe ihn bestimmt, wo er an der Entwicklung der Maschine arbeitet. Es ist die Wesenheit, durch die die verschiedenen Teile, Eigenschaften, Fähigkeiten, Vermögen und sonstiger Bestimmungen zur Einheit dieses Individuums verbunden sind. Wenn man bestreitet, dass es Wesenheiten gibt, dann kann man sowohl die Einheit der verschiedenen Individuen einer Art, als auch die Einheit der verschiedenen Bestimmungen eines Individuums in Raum und Zeit nicht hinreichend erklären. Dies ist ein wichtiger Grund für die Annahme von Wesenheiten und für ihre Realität, denn es geht nicht zuerst darum, dass wir diese Einheit sonst nicht erkennen könnten, sondern dass es sie überhaupt nicht gäbe, wenn es keine Wesenheiten gibt.

Wesenheiten sind den Dingen immanent. Sie sind im Besitzer der Wesenheit. Diese Auffassung unterscheidet sich vom Platonismus, der z.B. auch heute noch Anhänger hat, wie bei den bereits erwähnten Sachverhaltsontologen. Sofern ein Sachverhaltsontologe tatsächlich Wesenheiten annehmen sollte - was seiner Ontologie zumindest nicht grundsätzlich widerspräche - dann könnte er Wesenheiten nur als äußerliche Bestimmungen der Dinge auffassen. Demgegenüber behaupten wir mit allen echten Essentialisten, dass Wesenheiten den Dingen immanent sind, und insofern ist die aristotelisch-scholastische Philosophie eindeutig anti-platonistisch. Nun kann man natürlich die Frage stellen, was dieses „in"-sein bedeutet. Das Wort „in" hat eine Vielzahl von Bedeutungen. Im Falle der Wesenheiten lässt sich allerdings ganz klar bestimmen, was gemeint ist, wenn wir sagen, dass die Wesenheit „in" demjenigen ist, der sie hat. Die Antwort kennen wir eigentlich schon: Wesenheiten sind in den Dingen wie die Form in der Materie ist. Jede Entität, die aus Materie und Form besteht, die diese Einheit von Form und Materie ist, hat die Wesenheit immanent. Die Wesenheit ist nämlich diese Einheit von Materie und Form, wobei die Form die Wesenheit des Ganzen bestimmt. Dieses Insein ist etwas völlig anderes als das Insein von Wasser im Eimer, oder das der Mahlzeit in meinem Magen. Die Weise wie die Wesenheit in dem ist, der sie besitzt, ist mit keiner anderen Art des „Inseins" vergleichbar. Es ist eben dasselbe wie die Form in der Materie ist. Die Form bestimmt die Materie und die Materie empfängt die Form, sie lässt sich durch die Form bestimmen. Diese Beziehung, dieses „Insein" ist kein Enthaltensein, wie das Wasser im Eimer enthalten ist, sondern eine Beziehung der Einheit.

Nun könnte man vielleicht zu der Meinung gelangen, wenn die Wesenheiten in den Dingen sind, dass Wesenheiten materiell sind. Doch dies ist sicher falsch. Wesenheiten sind immateriell. Dies wird auch schon einfach dadurch verständlich, dass Formen immateriell sind. Ein anderer Grund, der natürlich mit der Immaterialität der Formen zusammenhängt ist, dass Wesenheiten in verschieden Orten gleichzeitig instanziiert sein können. Ein und dieselbe Wesenheit des Menschen ist in Milliarden von Menschen instanziiert.

Wäre diese Wesenheit materiell, so könnte es bestenfalls nur einen Menschen geben. Es ist ja ein und dieselbe Wesenheit, die in verschiedenen Menschen instanziiert ist.

Wesenheiten erkennen

Der aristotelisch-scholastische Essentialismus ist nicht nur die Auffassung, dass es Wesenheiten gibt, sondern auch, dass diese, zumindest grundsätzlich und in vielen Fällen erkennbar sind. Wie aber erkennen wir Wesenheiten? Bereits im Mittelalter gab es Philosophen, die für die Erkenntnis von Wesenheiten ein eigenes Erkenntnisvermögen annahmen, mit dessen Hilfe Wesenheiten unmittelbar erfasst werden können. Diese Auffassung ist zu neuer Aktualität durch die Theorie der „Wesensschau" bei Edmund Husserl gekommen, dem Begründer der modernen *Phänomenologie*. Gegen diese Auffassungen vertritt die aristotelisch-scholastische Philosophie die eher nüchterne Theorie, dass wir die Wesenheiten durch unseren Verstand erkennen können und zwar nicht so, wie wir mit den Augen Farben und mit den Ohren Töne wahrnehmen, sondern durch Abstraktion. Wir erkennen Wesenheiten nicht unmittelbar, sondern durch ihre verschiedenen Eigenschaften oder Bestimmungen, die diese haben. Mathematische Wesenheiten sind im Allgemeinen einfacher zu erkennen als die Wesenheiten materieller Gegenstände. Wir sehen direkt, dass ein Dreieck von einem Kreis verschieden ist, weil wir deren Wesenseigenschaften, die drei Linien erfassen und dabei wissen, dass deren Farbe nicht wesentlich ist. Vermutlich werden wir beim ersten Sehen eines Dreiecks nicht dessen Definition erfassen, aber wir erkennen es als eine geometrische Figur mit drei Ecken. Wenn wir eine Kastanie die unter einem Baum liegt erstmals sehen, erfassen wir vermutlich nicht sofort, dass es sich um den Samen eines Baumes handelt. Aber wir stellen fest, dass es nicht etwas vom Menschen angefertigtes ist, dass es auch kein lebloser Stein ist, sondern etwas Vegetatives und kommen so nach und nach dazu, das Wesen der Kastanie zu erfassen. Allerdings behauptet die Philosophie des gesunden Menschenverstandes nicht, dass wir die vollständige Wesenheit einer Sache erfassen müssen, um überhaupt Wesenheiten zu erkennen. Im Gegenteil ist es so, dass wir, vielleicht mit Ausnahme der mathematischen Wesenheiten, keine einzige Wesenheit vollständig erfassen.

Es reicht aber aus, einen Teil der Wesenheit zu erkennen, um zu verstehen, was Wesenheiten sind. Wer könnte das Wesen eine Kastanie vollständig definieren? Selbst eine Botaniker, dessen Spezialgebiet Kastanien sind und der sich sein ganzes Leben mit Kastanien beschäftigt hat, wird nicht vollständig das Wesen der Kastanie verstehen und er wird dies vermutlich sogar als erster zugestehen.

Wesenheiten definieren

Wir haben bereits weiter oben auf den Zusammenhang von Wesenheit und Definition hingewiesen und wollen an dieser Stelle einige weitere Anmerkungen hinzufügen. Alles was es gibt, hat seine eigene Wesenheit. Dies ist das „Gesetz der Identität" (Oderberg, 86). Gesagt ist damit unter anderem, dass alles bestimmt ist, das alles eine „Definition" hat, wobei Definition hier in einem metaphysischen Sinne, nicht epistemisch zu verstehen ist. Selbstverständlich können wir nicht alles definieren, zumal es vermutlich zahlreiche Dinge im Universum gibt, von denen wir nicht einmal wissen, dass es sie gibt. Unsere „Definitionen" richten sich nach den Bestimmungen, nach den Definitionen im metaphysischen Sinn.

Nun gibt es verschiedene Arten der Definition und nicht jede Definition ist eine solche im Sinne der Wesensdefinition oder, wie es in der Philosophie genannt wird, der Realdefinition. Eine deskriptive, beschreibende Definition, ist keine Definition im echten Sinne, keine Realdefinition. Auch „zweibeiniges, nicht-gefiedertes Lebewesen" ist keine echte Definition, obwohl sie zweifellos wesentliche Merkmale des Menschen bezeichnet. Es gibt eine Reihe von Kriterien, die eine echte Wesensdefinition kennzeichnen. Dabei gilt, dass eine Definition nur so präzise sein kann wie es der Gegenstand erlaubt. Darauf hat Aristoteles immer wieder hingewiesen. In der analytischen Philosophie gibt es eine Tendenz, die Präzision oder Klarheit und Eindeutigkeit von Definitionen zu übertreiben, was zum Skeptizismus führen muss. Allgemein kann man die folgenden Kriterien des Definierens als allgemein anerkannt nennen: eine Definition muss klar, dem Umfang nach angemessen, wenn möglich positiv und in Ausdrücken beschrieben sein, die von dem zu Definierenden verschieden sind.

Ich will diese vier Bedingungen der Definition nur kurz erläutern. Mit Klarheit ist gemeint, dass eine Definition kurz und knapp sein sollte, dass sie nicht metaphorisch sein soll und die verwendeten Ausdrücke nicht unbestimmter oder verworrener als der zu definierende Begriff. Auch hier gilt das aristotelische Prinzip, dass man nicht klarer sein kann, als die zu definierende Sache. Eine vorbildliche Definition in dieser Hinsicht ist die Definition des Menschen, wie sie bereits bei Aristoteles zu finden ist: „der Mensch ist ein vernunftbegabtes Sinneswesen". Diese Definition erfüllt tatsächlich alle genannten Bedingungen. Oderberg (2007, 88) nennt ein weiteres Beispiel, nämlich die Definition des Fisches als „wasserlebendes Wirbeltier mit Kiemen in der ausgewachsenen Form". Beides sind echte Definitionen im Sinne der Philosophie, wie sie hier verteidigt wird, und die die zuvor genannten Bedingungen für Realdefinitionen erfüllen. Das Gleiche gilt selbstverständlich für die schon mehrfach genannte Definition des Dreiecks als einer geometrischen Form, deren Winkelsumme der zweier rechter Winkel entspricht. Eine bloß beschreibende Definition hingegen ist keine echte Definition. Eine solche listet alle verfügbaren oder bekannten Eigenschaften auf, doch ist damit nicht das Wesen der Sache bestimmt. Als Beispiel führt Oderberg (ibid) eine deskriptive Bestimmung von Gold an: „Gold ist eine gelb schimmernde Substanz dessen Atomzahl 79 ist (bzw. deren atomare Konstituenten die Atomzahl 79 haben)". Obgleich diese Definition dem Umfang nach angemessen ist (erste der genannten Bedingungen), werden im ersten Teil Akzidenzien genannt, die für Gold nicht wesentlich sind. Eine ähnliche Definition ist die schon oben genannte Definition des Menschen als zweibeiniges nicht-gefiedertes Lebewesen.

Entscheidend für eine Wesensdefinition ist vor allem die Angabe der Zugehörigkeit des zu Definierenden zu einer bestimmten Gattung und der unter dieser fallenden Art. Dies ist von besonderer Wichtigkeit, weil die Art Teil der Form des zu definierenden Gegenstandes ist. Die Eigenschaften oder allgemeiner, die Akzidenzien sind nicht Teil der Wesensform, und deshalb tragen sie nicht wesentlich zur Definition einer Sache bei. Wenn wir nach der Art einer Sache forschen, dann suchen wir nach einem Teil der diese Sache konstituierenden Form. Dabei gilt, dass wir für die Definition die jeweils unterste Art herausfinden müssen. Wenn man Fische als im Wasser lebende Tiere definieren würde, dann wäre die Artbestimmung viel zu weit gefasst, denn es gibt auch andere Tiere, die im Wasser leben und keine Fische sind. Auch die manchmal nicht ganz korrekte Übersetzung der Definition des Menschen als vernunftbegabtes Lebewesen ist zu weit, wenn auch nicht direkt falsch. Der Gattungsbegriff „Lebewesen" ist in diesem Fall zu umfangreich, denn auch Pflanzen fallen unter diese Gattung. Im lateinischen aber auch im Englischen ist die Definition „animal rationale" bzw. „rational animal" präziser. Genau müsste man im Deutschen mit „vernunftbegabtes Tier" übersetzen, was sich allerdings weniger liebenswürdig anhört als „vernunftbegabtes Sinneswesen".

Bei Aristoteles findet sich die klassische „Regel der Definition", die im Mittelalter aufgenommen wurde und bis heute ihre Gültigkeit nicht verloren hat: *„Genus proximum et differentia specifica"*. Genus proximum bezeichnet die nächste Gattung, also beim Menschen „Sinneswesen", beim Fisch „wasserlebendes Wirbeltier" und den eigentümlichen Unterschied, d.i. der Artunterschied, wie bei Menschen „vernunftbegabt" oder beim Fisch die „Kiemen". Heute gibt es eine Reihe von Einwänden gegen diese Definitionsregel. Die wichtigsten Einwände kommen aus der Evolutionstheorie, die völlig neue Klassifikationssysteme entwickelt hat, die aber alle unzureichend sind und vor allem, wie Oderberg (92ff.) und andere gezeigt haben, letztlich die klassische Wesensdefinition voraussetzen. Wir wollen hier nicht weiter darauf eingehen.

Existenz und Wesenheit. Der reale Unterschied

Bevor wir uns den wichtigsten Einwänden gegen Wesenheiten zuwenden, wollen wir noch etwas zu dem zweiten in der Überschrift dieses Kapitels genannten Begriff, der Existenz, sagen. Zumindest für die thomistische Philosophie gibt es einen realen Unterschied zwischen Wesenheit und Existenz, denn nicht jede Wesenheit existiert. Die Existenz ist das, wodurch eine Wesenheit oder - allgemeiner gesagt -, irgendetwas wirklich ist. Existenz ist aktuales Sein. Kein Ding ist aber durch sich selbst wirklich, denn sonst müsste es sich selbst hervorbringen. Dies ist schon logisch unmöglich, denn es müsste dann sein, bevor es ist. Damit etwas existiert, muss es

80

folglich eine Ursache geben, durch die es aus dem Nichtsein ins Sein gelangt.

Nun stellt sich die Frage, ob die wirkliche oder physische Wesenheit nicht nur begrifflich oder logisch, sondern auch sachlich, real von der Existenz verschieden ist. Auch innerhalb der scholastischen Philosophie gibt es zahlreiche Philosophen, die dies bestreiten. Dazu gehören zum Beispiel so namhafte Philosophen wie Duns Scotus oder Suarez und natürlich die Nominalisten, die aber bereits die Realität der Wesenheiten bestreiten. Die Thesen der Gegner einer realen Verschiedenheit von Wesen und Existenz lautet folgendermaßen:

1. Wesen und Existenz sind logisch verschieden.
2. In Gott gibt es nur einen logischen Unterschied von Existenz und Wesen.
3. In den geschaffenen Dingen ist kein sachlicher Unterschied zwischen Wesen und Existenz, aber Wesen und Existenz sind auch nicht, wie bei Gott, identisch. Der Unterschied ist in den Dingen begründet und ist dem Unterschied zwischen Gattungs- und Artmerkmal ähnlich.

Es gibt verschiedene Argumente die man gegen diese Thesen vorbringen kann. Was mit dem Wesen einer Sache sachlich eins ist, kann ihm nie fehlen. Die Wesenheiten aber sind notwendig mit den Sachen verbunden, von denen sie Wesenheiten sind. Wäre die Existenz mit den Wesenheiten der Dinge sachlich identisch, dann müssten diese Dinge notwendig existieren. Dies widerspricht allerdings dem gesunden Menschenverstand, denn als geschaffene Dinge können sie auch nicht existieren, und alle Dinge haben einmal nicht existiert (so viel wir wissen) und werden einmal nicht existieren. Folglich kann die Existenz nicht mit dem Wesen der Dinge eins sein.

Ein weiteres Argument geht davon aus, dass die geschaffenen Dinge ihre Existenz nicht aus sich selbst besitzen, sondern dass sie diese empfangen haben. Dabei ist die Existenz dasjenige, was empfangen wird, während die Wesenheit das ist, was empfängt. Beide, das, was empfangen wird und das, was empfängt, verhalten sich aber wie Akt zu Potenz. Akt und Potenz sind aber, wie wir früher erläutert haben, stets von einander real verschieden, somit müssen auch Wesenheit und Existenz real verschieden sein.

Noch ein drittes Argument für die reale Verschiedenheit von Wesenheit und Existenz soll genannt werden: Jede Wesenheit und jede Wesenseigenschaft umfasst den gesamten Inhalt, der in ihnen bestimmt wird. Wasserlebendes Wirbeltier umfasst alle im Wasser lebenden Wirbeltiere, Fische, aber auch alle anderen Wirbeltiere im Wasser. Wenn nun die Existenz zum Wesensinhalt eines Dinges gehört, so müsste die Existenz in seinem vollen Umfang gemeint sein, also im Sinne einer unbeschränkten, unbegrenzten, unendlichen Existenz. Doch dies trifft auf kein Geschöpf zu, sondern nur auf Gott.

Mir scheinen die Argumente für eine reale Verschiedenheit durchaus einleuchtend und nachvollziehbar. Auch durch verschiedene Beispiele aus unserer Erfahrung kann man darauf schließen, dass nicht jedes Wesen existiert. Zunächst gibt es bestimmte Wesenheiten, wie die der Dinosaurier oder anderer ausgestorbener Lebewesen, die man hinsichtlich ihres Wesens ziemlich genau bestimmen kann, die aber nicht existieren. Dann spricht für den Unterschied von Wesenheit und Existenz auch die Erfahrung, dass wir selbst einmal nicht existiert haben und gewiss einmal nicht mehr existieren werden. Gleichwohl werden sich nach unserem Tod verschiedene Menschen, so hoffen wir zumindest, an uns erinnern und können anderen Menschen unser Wesen vermitteln. Ein drittes Beispiel ist die Phantasie. Wir können uns in der Phantasie Wesen vorstellen und auch genau beschreiben, die es in der Wirklichkeit nicht gibt und nie geben wird. Dazu gehören zum Beispiel Fabelwesen wie Einhörner oder der Pegasus, aber auch alle andere Gestalten in Romanen, Erzählungen, Märchen und so weiter, die man in der Philosophie als *fiktionale Objekte* bezeichnet. Auch dies ist ein Hinweis auf die reale Verschiedenheit von Wesen und Existenz.

Kritik des Essentialismus

Damit kommen wir nun zum Schluss dieses Kapitels über Wesenheiten und Existenz. Da es eine Vielzahl von Argumenten gegen Wesenheiten gibt, die wir hier nicht alle diskutieren können, wollen wir nur die wichtigsten Einwände widerlegen. Seit dem Beginn der Neuzeit, der in der Philosophie oft mit Rene Descartes festgelegt wird, bis in unsere Tage kann man ganz allgemein sagen, dass der philosophische Mainstream reale Wesenheiten ablehnt. Dies hat natürlich unterschiedliche Gründe, doch hauptsächlich dürfte die nominalistische Grundtendenz der Neuzeit dafür verantwortlich sein.

Ich möchte hier drei Argumente diskutieren, die vor allem in unserer Zeit wirkungsvoll sind. Zunächst heißt es, dass Wesenheiten sich nicht klar voneinander abgrenzen lassen. Dieses Argument ist weniger ontologisch als vielmehr ein erkenntnistheoretischer Einwand gegen Wesenheiten. Ein bekanntes Beispiel für diese These ist, dass man keine klare Grenze zwischen Bäumen und Sträuchern ziehen kann, dass die Grenzen vage sind. Kein ernsthafter Essentialist wird dies bestreiten. Aber er behauptet auch nicht, dass Wesenheiten in jedem Fall „klar und distinkt" (Descartes) von einander abgrenzbar sind, oder dass sie stets klar bestimmbar sind. In sehr vielen Fällen ist es gerade umgekehrt. Dass wir nicht in der Lage sind Baum und Strauch klar voneinander zu unterscheiden, besagt aber nicht, dass es keine Wesenheiten von Bäumen und Sträuchern gibt, und dass diese nicht eindeutig bestimmt sind. Es besagt nur, dass wir diesen Unterschied nicht eindeutig erkennen können und das bestreitet, wie gesagt, niemand.

Ein anderer, sehr verbreiteter Einwand lautet, dass das, was man mit Wesenheiten meint, nichts anderes ist als eine Anzahl bestimmter notwendiger Eigenschaften. Dieser Einwand gegen Wesenheiten ist reduktionistisch, d.h. er behauptet, Wesenheiten ließen sich auf notwendige Eigenschaften zurückführen. Eine Form dieses Reduktionismus ist die *Theorie möglicher Welten*. Eine notwendige Eigenschaft, also eine „Wesenheit", ist das Kennzeichen oder die Eigenschaft, bzw. die Gruppe von Eigenschaften oder Merkmalen die ein Gegenstand in allen möglichen Welten hat. Eine mögliche Welt ist eine logisch konsistente Beschreibung dessen, wie Dinge sein könnten. Dreiecke haben beispielsweise in allen möglichen Welten, in denen sie existieren, drei Seiten, aber sie sind nicht in allen möglichen Welten weiß. Dies ist es, worauf man Wesenheiten nach Auffassung dieser Philosophie reduzieren kann.

Der Unterschied zwischen normalen oder akzidentellen Eigenschaften und Wesenseigenschaften ist, einfach gesagt, demnach nur der, dass letztere notwendig sind, während erstere nicht notwendig sind. In dieser Art von Einwand, wie er sich z.B. bei Reinhardt Grossmann (1983, 134ff.) findet, aber auch ähnlich bei zahlreichen anderen analytisch-orientierten Ontologen, werden Wesenheiten mit Wesenseigenschaften identifiziert. Doch dies ist gerade ein wesentlicher Unterschied. Wenn Grossmann fragt, was denn das Kriterium der Unterscheidung zwischen wesentlichen und akzidentellen Eigenschaften ist, - er weist darauf hin, dass dieses Kriterium die Notwendigkeit ist, - so kann man diese Frage an ihn zurückgeben. Wodurch ist eine Eigenschaft notwendig und eine andere akzidentell? Genau dadurch, dass die notwendigen Eigenschaften mit der Wesenheit stets verbunden sind, während die akzidentellen Eigenschaften nicht notwendigerweise mit einer Wesenheit verbunden sein müssen. Die Wesenheit ist nie eine notwendige Eigenschaft, auch wenn sie notwendig ist, denn sie bestimmt, was etwas ist. Wie bei allen ähnlichen Einwänden gegen Wesenheiten lässt sich zeigen, wie Oderberg nachgewiesen hat, dass diese Einwände Wesenheiten voraussetzen. Oder, wie Edward Feser (2009, 25) es ausgedrückt hat: „wir müssen zuerst wissen, was das Wesen eines Dinges ist, bevor wir wissen können, was es in verschiedenen möglichen Welten sein könnte; die Rede von möglichen Welten, sofern sie überhaupt legitim ist, muss erklärt werden in Ausdrücken von Wesenheiten und nicht Wesenheiten in Ausdrücken möglicher Welten." (meine Übersetzung).

Ein weiterer Einwand sei noch erwähnt. Dieser lautet, dass Wesenheiten komplexe Entitäten sind, und wenn man nachweisen kann, dass diese Komplexität reduzierbar ist, dann genügt dies zur Zurückweisung der These, dass es reale Wesenheiten gibt. In der Tat: dieser Einwand ist zutreffend, *wenn* man Wesenheiten auf etwas anderes reduzieren kann. „Komplexe Entität" bedeutet in diesem Einwand, Entitäten die zusammengesetzt sind, die Teile haben im Unterschied zu einfachen Entitäten, die keine Teile haben, wie z.B. die Farbe zinnoberrot. Menschsein als eine Wesenheit, oder die Wesenheit des Fisches oder des Dreiecks sind in diesem Sinne nicht einfach, was kein Essentialist bestreiten wird. Schließlich lässt sich Menschsein ebenso definieren wie das Wesen des Fisches oder des

Dreiecks, und was sich definieren lässt, ist sicherlich komplex. Zinnoberrot beispielsweise ist nicht definierbar, es sei denn, man reduziert es auf physikalische Wellenlängen, doch dann hat man es nicht mehr mit der Farbe zu tun, sondern mit Lichtwellen. Aber auch Formen im Sinne der aristotelisch-scholastischen Philosophie sind einfach, sie haben keine Teile wie materielle Körper.

Doch trotz der Komplexität der Wesenheiten sind diese eben nicht reduzierbar. Man kann freilich das Wesen des Menschen als aus Form und Materie zusammengesetzt beschreiben, was seine Entsprechung in der Definition des Menschen als vernunftbegabtes Sinneswesen findet. Die Form des Menschen, d.i. die rationale Seele, ist einfach, und das Gleiche gilt auch von der Urmaterie, der ersten Materie, die, wie wir schon wissen, keinerlei Bestimmungen hat, sondern alle Bestimmungen durch die Form bekommt. Also sind die „Bestandteile" des Menschen, aber auch aller anderen Substanzen, nicht zusammengesetzt, sondern einfach. Da Form und Materie aber nur zusammen die Substanz ausmachen, kann man diese nicht auf eine der beiden zurückführen. Insofern sind Wesenheiten tatsächlich komplex aber nicht reduzierbar.

Wesenheiten sind fundamental für eine rationale, nicht reduktionistische Philosophie. Ohne die Annahme von Wesenheiten, wie sie jetzt beschrieben wurden, kann man unsere Welt nicht wirklich verstehen. Hierzu könnte man natürlich noch sehr viel mehr schreiben und vermutlich hätte ich einige Aspekte ausführlicher behandeln müssen. Aber diese kleine Schrift soll nur eine erste Einführung in die Metaphysik bieten; in den Literaturhinweisen finden Sie weit ausführlichere Darstellungen. Wir kommen nun zu einem anderen sehr wichtigen Thema der Metaphysik, nämlich der Frage nach dem Wesen der Kausalität, ein Thema, das auch in der Gegenwartsphilosophie von herausragender Bedeutung ist.

Kausalität

Bewegung und Kausalität

Von Anfang an sind wir der Frage nachgegangen, was denn Veränderung ist. Wir haben das Phänomen der Veränderung zu erklären versucht. Wir haben verschiedene Arten der Veränderung unterschieden und definiert, was das Wesen der Veränderung, des Werdens ist. Nun ist es offensichtlich, dass jede Veränderung eine Ursache braucht, durch die eine Veränderung bewirkt wird. Alles, was sich verändert muss eine Ursache haben, durch die es verändert wird, lautet ein Grundprinzip der klassischen aristotelisch-thomistischen Philosophie. Dieses Prinzip ist auch bekannt als Kausalprinzip.

Das Thema der Kausalität gehört zu den am meisten umstrittenen Themen in der Auseinandersetzung zwischen klassischer und moderner Philosophie. Der Streit geht dabei nicht um bestimmte Unterschiede in Detailfragen, sondern um die grundsätzliche Definition von Kausalität, wobei diese Definition abhängig ist von der Voraussetzung, von der aus die Definition erfolgt. Diese Voraussetzung besteht in einer Antwort auf die Frage, ob man bei der Bestimmung der Kausalität vom Phänomen, von dem was sich empirisch-sinnlich zeigt, ausgehen muss, oder ob Kausalität eine metaphysische Bestimmung ist. Letztlich geht es um eine Antwort auf die Frage, ob Kausalität eine Abfolge verschiedener Ereignisse oder Seinsentstehung ist. Wir werden im Folgenden zunächst die metaphysische Definition der Kausalität vorstellen und anschließend in die Auseinandersetzung mit der phänomenalistischen Bestimmung von Kausalität, wie sie in der modernen Philosophie vorherrschend ist, eintreten.

Was ist Kausalität?

Zunächst also die Frage: was ist Kausalität? Das *Prinzip der Kausalität* besagt, dass alles, was nicht notwendig existiert, eine Ursache hat, durch die es existiert. So verstanden ist Kausalität die Hervorbringung oder die Entstehung von etwas Seiendem durch eine reale Ursache. Wenn wir im Park eine Kastanie auf dem Boden liegen sehen, muss es nicht nur eine Ursache dafür geben, dass die Kastanie dort liegt, sondern auch dafür, dass es die Kastanie überhaupt gibt. Wenn ich frage: „Wie kommt die Kastanie dorthin?", dann frage ich nach einer Ursache dafür, dass die Kastanie dort liegt. Wenn diese direkt unter einem Kastanienbaum liegt, ist die Vermutung berechtigt, dass sie von diesem heruntergefallen ist. Wenn allerdings die Kastanie weit entfernt von jedem Kastanienbaum liegt, wird es eine andere Ursache dafür geben, dass sie gerade dort liegt. Auf jeden Fall muss es aber eine Ursache geben. Doch nicht nur dafür, dass Kastanien unter Bäumen liegen, gibt es eine Ursache, sondern z.B. auch dafür, dass ich von Freiburg nach Stuttgart fahre, oder dafür, dass Susanne ihre Haare färbt. Die Ursachen dafür sind aber offensichtlich von einer anderen Art als die Ursache für das Vorkommen der Kastanie im Park. Es gibt tatsächlich verschiedene *Arten von Ursachen*, wie wir später sehen werden. Doch bleiben wir zunächst erst noch beim Grundsätzlichen bezüglich der Kausalität.

Entstehung von Neuem oder Abfolge von Ereignissen?

Zur Kausalität gehört die Beziehung von Ursache und Wirkung. Die Wirkung ist dabei abhängig von der Ursache und die Wirkung ist stets etwas Neues, etwas, das zuvor nicht da war, nicht existierte, und durch die Ursache hervorgebracht wird. Das gilt natürlich auch für jede Art der Veränderung und des Werdens. Die Kastanie, die bisher am Baum hing und nun unter dem Baum auf dem Boden liegt, ist einerseits hinsichtlich ihrer Existenz am Baum und andererseits hinsichtlich ihres Am-Boden-Liegens verursacht. Auch ein neuer Zustand eines Seienden ist in diesem Sinne etwas Neues, das die Wirkung einer Ursache ist.

Dass es tatsächlich dieses Verhältnis von Ursache und Wirkung, dass es Kausalität auch völlig unabhängig von unserem Denken oder überhaupt von unserem Bewusstsein gibt, dafür lassen sich unterschiedliche Erfahrungen anführen. Wir werden später noch sehen, dass verschiedene moderne Philosophen nicht nur unser Kausalprinzip oder die Bestimmung der Kausalität in Frage stellen, sondern einige Philosophen bestreiten sogar, dass es überhaupt wirkliche Ursachen gibt, bzw. dass es Kausalität unabhängig von unserem Denken gibt.

Für den gesunden Menschenverstand ist es offensichtlich, dass es Kausalität gibt. Wenn ich die Kastanie vom Boden aufhebe und sie wegwerfe, bin ich die Ursache für die Bewegung der Kastanie und dafür, dass diese anschließend an einem anderen Ort liegt. Wenn ich hier sitze und schreibe, bin ich die Ursache dafür, dass die Buchstaben auf dem Monitor des Computers erscheinen, wenn auch durch Vermittlung der Computertechnologie und der verwendeten Software, die aber ebenso von bestimmten Menschen ‚verursacht' wurde. Diese Erfahrungen aus unserer Innenwelt sind uns so selbstverständlich, dass wir gewöhnlich gar nicht darüber nachdenken oder uns Zweifel kommen, ob wir wirklich die Ursache der verschiedenen Vorgänge, Tätigkeiten und ihrer Wirkungen sind. Ähnlich verhält es sich mit Wirkungen, die wir selbst von außen erfahren, die auf uns einwirken. Wir wissen, dass diese Wirkungen nicht von uns ausgehen, sondern auf uns einwirken und zwar von etwas, dass irgendwie in der Außenwelt ist.

Aber auch die Welt selbst bietet uns ständig Erfahrungen, aus denen wir schließen, dass es Ursache und Wirkung gibt. Wenn ich am Morgen erwache und aus dem Fenster blicke und dabei feststelle, dass alles mit Schnee bedeckt ist, gehe ich davon aus, dass es in der Nacht geschneit hat. Wenn die Zweige des Baumes vor dem Fenster sich bewegen, dann schließe ich daraus, dass es windig ist, dass der Wind die Ursache für die Bewegung der Zweige ist. Überhaupt kann man ganz allgemein sagen, dass wir dort, wo wir irgendeine Veränderung bemerken, sogleich nach einer Ursache dieser Veränderung fragen; im Alltag sind uns diese Ursache zumeist bekannt. Wie wir schon in den vorangegangenen Kapiteln gesehen haben, kann nichts sich selbst in die Existenz bringen, nichts kann ohne eine Ursache sich verändern. Dies ergibt sich aus der Akt-Potenz-Theorie. Wenn etwas sich durch sich selbst verändert, dann müsste es bereits den Zustand besitzen, den es erst durch die Veränderung erreicht. Dies ist logisch unmöglich. Wenn die Kastanie unter dem Kastanienbaum liegt, kann sie nicht zugleich 30 Meter weiter entfernt liegen. Wenn sie 30 Meter vom Kastanienbaum entfernt liegt, muss es eine Ursache dafür geben, dass sie dort liegt. Sie kann sich nicht selbst dorthin bewegt haben. Dies ist ganz offensichtlich, zumindest dann, wenn man dem gesunden Menschenverstand vertraut. Die moderne Philosophie allerdings hat vielfach dieses Vertrauen verloren oder sucht nach absoluten Gewissheiten.

Auch die Naturwissenschaft setzt die Kausalität als selbstverständlich voraus. Sie forscht ja nach den Ursachen bestimmter Phänomene. Wenn man bestreitet, dass es ein objektives Kausalprinzip gibt, dass jeder Vorgang eine Ursache hat, durch die er verursacht wird, dann ist Wissenschaft praktisch unmöglich. Dennoch wird gegen das Kausalprinzip eingewandt, dass wir nur Erscheinungen wahrnehmen, die nacheinander erfolgen, und dass diese verschiedenen Erscheinungen im Verhältnis von Ursache und Wirkung zueinander stehen, sei nur durch uns hinzu gedacht und nicht etwas, was sich tatsächlich so verhält. Zumindest lässt sich dieses Prinzip nicht mit Sicherheit beweisen, heißt es. Wenn an jedem Sonntagnachmittag, um 15.00 Uhr, drei Männer auf einer Parkbank im Schlosspark unter dem Kastanienbaum sitzen, wird auch niemand auf die Idee kommen, diesen Zusammenhang als notwendige Beziehung zwischen Ursache und Wirkung zu interpretieren. So könnte es sich aber auch bei der Kastanie verhalten, die 30 Meter vom Kastanienbaum entfernt liegt; auch hier könnte keine notwendige Beziehung zwischen einer Ursache und dieser Wirkung bestehen, d.h. es könnte zufällig der Fall sein, dass die Kastanie 30 Meter vom Baum entfernt liegt, ohne jede Ursache, so wie es auch zufällig ist, dass sich die drei Männer jeden Sonntag, um 15.00 Uhr, an der Parkbank unter dem Kastanienbaum treffen.

Nun wird der gesunde Menschenverstand über solche Spekulationen im Allgemeinen den Kopf schütteln, doch damit ist die Behauptung leider nicht widerlegt. Natürlich gibt es für diesen Einwand verschiedene Voraussetzungen, so z.B. den Zweifel daran, dass es Substanzen gibt. Wenn es keine Substanzen gibt, dann gibt es nur Erscheinungen, Phänomene, und dann kann es nicht etwas, eine Substanz, ein Ding geben, das etwas anderes verursacht. Somit bleibt nur übrig, Kausalität als Folge von Erscheinungen zu analysieren. Wenn es keine Substanzen gibt, dann gibt es nur die beiden

Zustände der Kastanie, die einmal unter dem Kastanienbaum liegt und einmal 30 Meter vom Kastanienbaum entfernt. Man hat nur diese beiden Phänomene und kann nicht einmal mehr sagen, dass es sich um ein und dieselbe Kastanie handelt; es könnten auch zwei verschiedene Kastanien sein, oder besser gesagt, zwei verschiedene Phänomene, zwei verschiedene Zustände. Und das zwischen diesen beiden Zuständen ein notwendiger Zusammenhang besteht, ist in der Tat alles andere als gewiss. Nur dann, wenn es sich um ein und dieselbe Substanz, dieselbe Kastanie handelt, stellt sich die Frage, wie die Kastanie von einem Ort an den anderen gekommen ist, bzw. die Frage, was die Ursache für diesen Ortswechsel ist.

Dieser Einwand gegen das klassische Kausalprinzip geht vor allem auf den englischen Philosophen David Hume zurück. Immanuel Kant wollte die Notwendigkeit der Kausalität retten und wandte gegen Hume ein, dass es zwar keine objektive Beziehung zwischen Ursache und Wirkung gibt, allerdings eine subjektive. Kant teilte also die empirischen Voraussetzungen Humes - die Auffassung also, dass es keine wirklichen Substanzen gibt – aber er behauptete, dass das Kausalprinzip „vor jeder Wahrnehmung und Erfahrung", *synthetisch-apriori*, unser Denken bestimmt. Das heißt, wenn wir zwei aufeinander folgende Zustände beobachten, sehen wir diese stets im Verhältnis von Ursache und Wirkung. Doch dies liegt an unserem Denken, an der Art, wie wir die Dinge und Ereignisse wahrnehmen und nicht an den Dingen und Ereignissen selbst, über die man, nach Kants Auffassung, keine objektiven, von unserem Erkennen unabhängigen Erkenntnisse gewinnen kann.

Ich glaube, Sie werden mir zustimmen, wenn ich sage, dass dies keine wirkliche Lösung für das von Hume aufgeworfene Problem ist. Schließlich wollen wir wissen, was *wirklich* die Ursache dafür ist, dass die Kastanie 30 Meter vom Kastanienbaum entfernt liegt, und wir werden uns nicht damit begnügen zu erfahren, dass unser Erkennen so geformt ist, dass wir zwischen zwei aufeinander folgenden Ereignissen immer eine Ursache-Wirkungs-Relation annehmen. Schließlich befindet sich die Kastanie wirklich 30 Meter vom Kastanienbaum entfernt und nicht nur in unserem Denken. Kant würde dies freilich auch bestreiten, denn nach ihm gibt es überhaupt nichts außerhalb unseres Erkennens. Ob die Kastanie unter dem Baum liegt oder 30 Meter davon entfernt - beide Zustände gibt es nur in unserem Denken und Erkennen, und ob die Kastanie auch ohne unser Erkennen unter dem Kastanienbaum liegt, kann man nach Kant zumindest nicht wissen.

Kausalität, ein analytisches Prinzip

Nach Auffassung der aristotelisch-scholastischen Philosophie ist das Kausalprinzip *analytisch*. Unter einem analytischen Prinzip oder Satz versteht man einen Satz, bei dem das Prädikat im Satzsubjekt enthalten ist. Ein bekanntes Beispiel ist der Satz „Alle Junggesellen sind unverheiratete Männer". Im Begriff „Junggeselle" ist das Prädikat „unverheirateter Mann" notwendig enthalten, denn genau dies ist ja mit dem Begriff „Junggeselle" gemeint. Die klassische Philosophie behauptet nun, dass dies auch beim Begriff der „Wirkung" oder „Gewordenes", „Werdendes" der Fall ist. Eine Wirkung ist etwas Wirkliches, das zuvor nicht war; das Gleiche gilt von den anderen beiden oder ähnlichen Worten, bzw. von dem, was diese bezeichnen. Eine Wirkung ist demnach etwas, was zuvor möglich war, denn sonst wäre es überhaupt nicht, sonst gäbe es diese Wirkung nicht. Wenn etwas zuvor Mögliches wirklich wird, dann setzt dies ein anderes Wirkliches voraus, denn keine Möglichkeit kann sich aus sich selbst verwirklichen, keine Potenz wird durch sich selbst aktualisiert. Somit schließt der Begriff „Wirkung" notwendig den Begriff Ursache in sich ein, d.h. die Beziehung zu einem Wirklichen, das diese Möglichkeit, die Wirkung, verwirklicht. Dies ist gemeint, wenn die klassische Philosophie das Kausalprinzip als analytisch bezeichnet: Der Begriff der „Wirkung" schließt den Begriff „Ursache" in sich und deshalb ist der Satz des Kausalprinzips, „Jede Wirkung hat eine Ursache", so wie der Satz „Alle Junggesellen sind unverheiratete Männer" analytisch. Analytische Sätze können nicht bewiesen werden und zwar deshalb nicht, weil sie eines Beweises gar nicht bedürfen. Sie sind aus sich selbst gewiss, sie können eigentlich nicht bestritten werden. Eigentlich. Dass sie im Verlauf der neuzeitlichen Philosophie und bis heute dennoch geleugnet werden, hat seinen Grund darin, wie wir schon gesehen haben, dass man etwas anderes, nämlich den Substanzbegriff, bestreitet. Wenn es keine Substanzen in dem Sinne gibt, wie wir ihn zuvor erläutert haben, dann kann man am Kau-

salprinzip zweifeln, weil es dann keine echten Wirkungen gibt,
sondern nur Erscheinungen, Phänomene. Eine echte Wirkung im
Sinne der klassischen Philosophie liegt dort vor, wo etwas Neues,
ein neues Seiendes - und dazu gehört auch ein neuer Seinszustand
(akzidentelle Veränderung) - vorliegt, der vorher nicht existierte.
Der Ortswechsel der Kastanie ist in diesem Sinne ein neuer Seinszustand, nämlich die örtliche Veränderung einer Substanz, der
Kastanie. Dieser Seinszustand, der der Kastanie möglich ist, wird
durch eine Ursache verwirklicht, z.B. indem ich die Kastanie werfe.
Bestimmte Seinszustände sind der Kastanie nicht möglich; sie kann
z.B. nicht an ein und derselben Stelle in der Luft schweben.

Ursachenarten

Ich hatte bereits kurz darauf hingewiesen, dass es ganz verschiedene Arten von Ursachen gibt. Diese Auffassung der verschiedenen
Ursachenarten wird von der modernen Philosophie noch viel radikaler abgelehnt, als das zuvor dargelegte allgemeine Verständnis
der Kausalität. Erstaunlicherweise gibt es aber für diese Ablehnung
keine wirklichen rationalen Gründe. Ich werde zunächst den Zusammenhang der verschiedenen Ursachenarten an einem Beispiel
darstellen und dann diese im Einzelnen zu erklären versuchen.

Zu einer vollständigen Erklärung eines Seienden, eines Zustandes
oder einer Veränderung, muss man vier verschiedene Arten von
Ursachen anführen. Nehmen wir zunächst ein bekanntes Beispiel,
nämlich meine Reise von Freiburg nach Stuttgart. Die wichtigste
Ursache dieser Reise ist sicherlich der Zweck der Reise. Wir würden
dies vielleicht nicht als Ursache bezeichnen, sondern vielleicht von
einem Grund sprechen. Doch die klassische Philosophie spricht
auch hier von einer Ursache, nämlich der *Zweck- oder Zielursache*. In
unserem Beispiel ist dies die entscheidende Ursache für die Reise,
denn ich fahre nach Stuttgart wegen eines Zwecks, z.B. weil ich
meinen Freund Franz besuchen möchte. Nach einer Ursache fragen
wir mit dem Wort „Warum?" Wenn man mich fragt, warum ich
nach Stuttgart fahre, werde ich antworten: „Weil ich Franz besuchen möchte". Damit gebe ich aber den Zweck meiner Reise an.
Doch der Zweck allein bringt mich natürlich nicht von Freiburg
nach Stuttgart. Es bedarf weiterer Ursachen. Eine solche weitere

Ursache sind die Mittel, mit denen ich nach Stuttgart reise. Ich benutze z.B. den Bus für die Fahrt zum Bahnhof, dann die Eisenbahn für die Fahrt von Freiburg nach Stuttgart. Diese Mittel sind gewissermaßen das Material (in einem weiten Sinne, der später noch deutlicher wird), das benötigt wird, damit ich mein Ziel oder den Zweck der Reise verwirklichen kann. Die Philosophie nennt diese Ursache *Materialursache*. Diese wird allgemein als die Ursache bezeichnet, die bestimmt, *woraus* etwas besteht. In unserem Beispiel besteht die Reise natürlich nicht im wörtlichen Sinne aus der Eisenbahn oder dem Auto, mit dem ich die Reise unternehme, aber in einem weiten Sinne kann man auch die materiellen Mittel als Materialursache bezeichnen.

Eine andere, dritte Ursachenart ist ebenfalls beteiligt, nämlich die Reise selbst. Diese ist das „Was" geschieht oder ist das Wesen oder die *Formursache*. Die Formursache bestimmt, was etwas ist, in unserem Beispiel eben eine Reise, die etwas anderes ist als z.B. eine Wanderung. Und zuletzt gibt es noch die *Wirkursache*, das, was bewirkt, dass ich von Freiburg nach Stuttgart reise, was in diesem Fall natürlich ich selbst bin. Die Wirkursache wird heute allgemein als das verstanden, was eine Ursache ist, während man die anderen drei nicht als Ursachen bezeichnet. Doch selbst die Wirkursache wird, wie wir es bereits zuvor angedeutet haben, in der Gegenwartsphilosophie nicht so verstanden wie in der klassischen Philosophie, denn die moderne Philosophie trennt Ursache und Wirkung weitgehend voneinander und betrachtet sie als zwei verschiedene Ereignisse.

Wenn wir das Beispiel zusammenfassen, so wirken die vier Ursachen so zusammen, dass ich (Wirkursache) mit Hilfe der verschiedenen Transportmittel (Materialursache) nach Stuttgart reise (Formursache), um meinen Freund Franz zu besuchen (Zweckursache). Das Beispiel ist vielleicht nicht klar genug, um die vier Ursachenarten zu verdeutlichen. Deshalb nehmen wir noch ein anderes Beispiel aus dem Bereich der menschlichen Herstellung.

Nehmen wir an, Sie möchten mit Ihren Kindern ein Kastanienmännchen basteln. Das Ziel ist in diesem Fall natürlich das Kastanienmännchen, oder auch die Freude am Spiel, oder das Erlernen von bestimmten Fertigkeiten. Die Materialursache ist das, woraus das Kastanienmännchen besteht, nämlich aus Kastanien und z.B. Streichhölzern oder Zahnstochern. Die Formursache ist dasjenige, was Sie basteln, nämlich das Kastanienmännchen, von dem Sie eine bestimmte Vorstellung haben, die Sie bei der Herstellung leitet. Die Formursache bestimmt, was es wird, eben ein Kastanienmännchen und nichts anderes. Die Wirkursache sind Sie und Ihre Kinder selbst, eben diejenigen, die bewirken, dass am Ende ein Kastanienmännchen auf dem Tisch steht.

Ein drittes Beispiel soll die Vier-Ursachen-Lehre anhand einer natürlichen Substanz verdeutlichen, und hier wählen wir nun unseren bekannten Kastanienbaum als Beispiel. Beginnen wir mit der *Materialursache.* Diese ist die Ursache, die angibt, woraus etwas besteht. Beim Kastanienbaum ist dies das Holz, die Holzfasern, aus denen dieses besteht, die molekulare Struktur dieser Fasern usw. Die *Formursache* ist die Ursache, die bestimmt, *was* etwas ist oder wird, die das Wesen einer Sache bestimmt und dies ist in unserem Beispiel natürlich das allgemeine Wesen der Kastanie, des Kastanienbaums. Die *Wirkursache* ist das, was bewirkt, dass etwas entsteht, besteht oder vergeht. Dies sind hier die verschiedenen biochemischen Prozesse des Wachstums, der Photosynthese usw. die von der Biologie erforscht werden. Doch was ist die *Zielursache* des Kastanienbaums? Allgemein gesagt ist die Zielursache diejenige Ursache, um derentwillen all die verschiedenen Wirkungen geschehen. Die biochemischen Prozesse, die Photosynthese usw., sind alle auf die Zielursache gerichtet, nämlich, in einem allgemeinen Sinne, der für alle Lebewesen gilt, die Selbsterhaltung und die Fortpflanzung der Art. Dazu kommen noch weitere „äußere" Zielursachen oder Zwecke des Kastanienbaums innerhalb eines Ökosystems, wie man heute sagt. Der Kastanienbaum ist beispielsweise Lebensraum für Vögel und Insekten, er liefert Sauerstoff für die Atmung von Tieren und Menschen und vieles andere mehr.

Sie werden nun vielleicht denken, dass dies doch alles längst bekannt ist, und warum man das so kompliziert ausdrücken muss und von „Ursachen" spricht. Wir werden später noch deutlich sehen, dass dies alles überhaupt nicht allgemein bekannt oder anerkannt ist, und dass die moderne Philosophie, aber auch Naturwissenschaftler heftig bestreiten, dass es solche Ursachenarten überhaupt gibt, und dass sie ganz besonders heftig bestreiten, dass es Zweckursachen gibt, dass natürliche Prozesse in irgendeiner Weise zweck- oder zielgerichtet sind. Doch um dies zu verstehen, müssen wir nun zur theoretischen Bestimmung der vier Ursachen übergehen (vgl. Kälin, 145).

Die Verschiedenheit der Ursachen ist bestimmt durch die Verschiedenheit der Weisen, wie etwas zum Sein eines Dinges beiträgt. Zum Sein eines jeden Dinges, zumindest der materiellen Dinge, die aus Form und Materie zusammengesetzt sind, gehört deren Materie, die Form oder das Wesen, der Zweck oder das Ziel, und schließlich dasjenige, was die Hervorbringung des Dinges bewirkt. Wir haben schon am ersten Beispiel gesehen, dass es nicht immer ganz einfach ist, diese vier Weisen, wie etwas zum Sein beträgt, die vier Ursachen also, im einzelnen Seienden nachzuweisen und auseinander zu halten.

Material- und Formursache

Beginnen wir mit der Material- und Formursache, die notwendigerweise zusammengehören und nicht allein beschrieben werden können. Im Grunde handelt es sich um nichts anderes als um das, was wir bereits im Zusammenhang mit dem Hylemorphismus, der Form-Materie-Theorie kennengelernt haben, nur jetzt werden Materie und Form als Ursachen eines Seienden verstanden. Die Materialursache ist diejenige Ursache, die die Wirkung der bestimmenden Ursache, der Form eben, aufnimmt. Im Besonderen ist die Materialursache der innere bestimmbare Bestandteil für das Wesen einer Substanz. Definiert wird die Materialursache entsprechend als dasjenige Prinzip, woraus etwas wird oder besteht. Bei jeder Veränderung, Bewegung im weiten philosophischen Verständnis, oder bei jedem Werden ist die Materialursache der bestimmungsfähige Teil der Veränderung, der Teil, aus dem die Sache besteht, und der sich im Prozess der Entwicklung verändert.

Direkt mit der Materialursache verbunden ist die bestimmende Ursache, und dies ist die Formursache. Sie bestimmt die Materie und gestaltet sie zu dem, *was* etwas werden soll. Die Formursache des

Kastanienbaums ist die Artwesenheit, durch die etwas als Kastanienbaum bestimmt ist. Die Formursache ist das gestaltende, prägende innere Prinzip, durch die aus der Kastanie der Kastanienbaum wird. Bei allem Lebendigen wird dies als die „Seele" bezeichnet, wobei man freilich aufpassen muss, dass man das Wort hier nicht missversteht. Das Wort bzw. der Begriff „Seele" hat in der aristotelisch-scholastischen Philosophie eine andere Bedeutung als in der Alltagssprache. Die Philosophie unterscheidet verschiedene Arten der Seele, nämlich die vegetative Seele der Pflanzen, die animalische Seele der Tiere und die rationale, vernünftige Seele des Menschen. Bei Pflanze und Tier bedeutet Seele nicht mehr als eben das Lebensprinzip, dasjenige, wodurch das Lebewesen belebt, lebendig ist, und dies ist gleichbedeutend mit der Form. Wenn einem das Wort Seele nicht gefällt oder zu altmodisch ist, kann er es jederzeit durch das Wort Form oder Formursache ersetzen. Es geht nur darum zu verstehen, dass die Formursache nicht im eigentlichen Sinne materiell ist, wenn auch diese Formen bei Pflanzen und Tieren durchaus vollständig in der Materie eingesenkt sind und keinerlei Eigenleben besitzen, das unabhängig von der Funktion für das Leben, für die organischen Vorgänge und Prozesse ist.

Die Formursache ist also gewissermaßen das belebende Prinzip, durch das aus der Kastanie der Kastanienbaum wird, man könnte auch von ‚Vorbild' sprechen, dass alle chemischen und physiologischen Vorgänge bei der Entwicklung und dem Wachstum der Kastanie zum Kastanienbaum lenkt. Die DNS, die erst in den 1950iger Jahren entdeckt wurde, ist gewissermaßen so etwas wie der materielle Niederschlag dieses Formprinzips und diese wichtige Entdeckung kann man durchaus als Bestätigung der philosophischen Theorie der Formursache verstehen.
Form- und Materialursache wirken zusammen bei jedem Prozess der Veränderung, des Werdens und zwar so, dass die Materialursache die ‚Formung', die Bestimmungen der Formursache aufnimmt und damit die Form - man könnte sagen - ‚materialisiert'.

Material- und Formursache werden auch als *innere Ursachen* bezeichnet, was aus dem Gesagten offensichtlich ist. Sie wirken ja nicht von außen auf das Seiende ein, sondern sind innere Wirkprinzipien im Aufbau oder im Werden des Seienden. Demgegenüber sind die beiden anderen Ursachen, Wirk- und Zweckursache, äußere Prinzipien, solche, die von außen auf das Seiende einwirken. Die inneren Ursachen sind das, was das Ding konstituiert, was das Seiende *ist*. Der Kastanienbaum besteht aus der Formursache und der Materie, er ist daraus aufgebaut. Die Formursache bestimmt alle Veränderungen des Kastanienbaums im Verlauf des Wachstums, im Werden der Jahreszeiten, wenn im Frühling die Blätter wachsen, die Kastanien sich am Baum bilden und diese abgeworfen werden, wenn der richtige Zeitpunkt gekommen ist und das Abwerfen der Blätter im Herbst. Dies sind innere Vorgänge des Kastanienbaums, die das ausmachen, was er ist. Insofern ist die Ursächlichkeit dieser beiden Ursachen eine innere und unmittelbare, denn beide Ursachen sind innerlich miteinander verbunden. Die bestimmbare Materialursache nimmt die bestimmende Formursache in sich auf und so wird aus beiden Ursachen dieses bestimmte Seiende, dieser Kastanienbaum zum Beispiel. Die Ursächlichkeit geschieht hier durch direkte und unmittelbare Vereinigung der beiden Ursachen und nicht durch gegenseitige Tätigkeit, durch ein gegenseitiges aufeinander Wirken, sondern durch ein Sichvereinigen von Form und Materie. Freilich bedarf diese Vereinigung einer von außen kommenden Ursache, wie wir später in der Beschreibung der Wirkursache noch sehen werden. Am Beispiel von Artefakten ist dies ganz offensichtlich, denn z.B. beim Bau des Gartenhauses ist die Form im Geist des Baumeisters, und er ist als Wirkursache derjenige, der aus den materiellen Teilen die Vereinigung von Formursache (der Idee in seinem Geist) und Materie (den Bauteilen) bewirkt. Das Gleiche gilt allerdings auch für den Kastanienbaum und alle anderen natürlichen Substanzen.

Trotz der inneren Vereinigung von Material- und Formursache sind beide sowohl voneinander als auch von dem, was sie bewirken - vom Gewordenen - real verschieden. Die Formursache wird nicht zu einem Teil der Materialursache und diese wird kein Teil der Formursache. Materialursache und Formursache sind aber hinsichtlich des Seienden, der Ganzheit, innere Bestandteile des aus beiden Ursachen bestehenden Ganzen. Form- und Materialursache existieren nur zusammen, sie kommen nicht getrennt für sich vor.

Aus den obigen Beispielen wurde schon ersichtlich, dass diese beiden Ursachen sowohl verantwortlich sind für das Bestehen einer Substanz als auch für die Akzidenzien. Beide wirken substantiell als Ursachen einer zusammengesetzten Substanz, wie beispielsweise des Kastanienbaums und zwar solange, wie diese Substanz besteht. Stets besteht die Substanz z.B. der Lebewesen aus dem materiellen Organismus, der die Formursache aufnimmt und der Formursache, die die Materie formt und lebendig macht. Sie wirken akzidentell, wenn eine Substanz irgendeine zusätzliche Bestimmung erhält. In diesem Fall ist die Substanz selbst die Materialursache, die grundsätzlich ohne dieses bestimmte Akzidenz bestehen kann und in diesem Sinne eine vollständige Substanz ist, wie der Goldbarren, der aber zu einem Schmuckstück verarbeitet wird und dann weitere akzidentelle Bestimmungen durch den Goldschmied erfährt. In diesem Beispiel, wie bei vielen anderen Beispielen aus der Herstellung von Artefakten jeder Art ist die Formursache eine bestimmte Form im Geist des Herstellers, des Künstlers, des Baumeisters oder des Ingenieurs. Man spricht in diesem Fall auch von Exemplarursache. Im Unterschied zur echten Formursache wird die Exemplarursache niemals zu einem inneren Bestandteil des Artefakts, sondern existiert nur im Geist des Herstellers. Die echte Formursache ist demgegenüber, wie wir gesehen haben, innerlich mit der Materialursache verbunden.

Wirkursache

Damit Form- und Materialursache zusammenwirken können, ist eine äußere Ursache erforderlich, etwas, das von außen auf ein Seiendes einwirkt. Diese von außen wirkende Ursache ist die *Wirkursache*, die wir nun theoretisch fassen wollen, nachdem wir bereits einige Beispiele genannt haben.

Die Definition der Wirkursache lautet: Die Wirkursache ist dasjenige Prinzip, durch deren Tätigkeit etwas in die Existenz gelangt oder eine Veränderung in einem Anderen bewirkt wird. Die Tätigkeit der Wirkursache ist eine nach außen gerichtete (transeunte) Tätigkeit, die auf etwas anderes übergeht und in diesem Anderen wirksam wird.

Die aristotelisch-scholastische Philosophie teilt die Wirkursachen nach vier verschiedenen Hinsichten ein. Hinsichtlich des Zusammenhangs von Ursache und Wirkung unterscheidet man *Ursachen an sich* (*causa per se*) und *zufällige Ursachen* (*causa per accidens*). Eine Ursache an sich ist eine solche Ursache, bei der die Ursache wesensmäßig auf eine Wirkung gerichtet ist, die durch die Ursache hervorgebracht wird. So ist der Kastanienbaum auf die Hervorbringung von Kastanien gerichtet, denn die Fortpflanzung gehört zum Wesen, zur Natur des Kastanienbaums. Der Baumeister oder Architekt ist auf den Bau von Häusern gerichtet, denn dies folgt aus dem Wesen eines Architekten. Bei der Ursache an sich gibt es einen inneren, formalen Zusammenhang zwischen der kausalen Tätigkeit und der Wirkung. Dies ist bei der akzidentellen Ursache nicht der Fall. Hier ist die Verbindung zwischen Ursache und Wirkung nur zufällig, und zwar entweder als mit der wesensmäßigen Wirksamkeit der Ursache zufällig verbunden oder so, dass mit der Wirkung eine andere zufällige Wirkung eintritt. Ein Beispiel für den ersten Fall ist der Architekt, der Fußball spielt, ein Beispiel für den zweiten Fall ist der, dass der Baumeister beim Ausheben des Fundaments auf ein antikes Gebäude trifft. Im ersten Fall gehört es nicht zum Wesen des Baumeisters, dass er Fußball spielt, denn das Bauen ist die wesentliche Ursache, die *Ursache an sich* und im zweiten Fall ist die Entdeckung des antiken Gebäudes beim Ausheben des Fundaments gewissermaßen eine „Nebenwirkung" der Tätigkeit des Baumeisters.

Die zweite Hinsicht, nach der die Wirkursachen eingeteilt werden, ist die nach ihrer Über- und Unterordnung, was zu einer Einteilung in Haupt- und werkzeugliche, bzw. instrumentelle Ursachen führt. Eine Hauptursache ist eine solche Ursache, die durch ein der Ursache selbst inneres Vermögen oder eine Kraft tätig ist, während die instrumentelle Ursache eine solche Ursache ist, die durch das Vermögen oder die Kraft der Hauptursache bewegt wird. Die instrumentelle Ursache ist gewissermaßen ein Mittel, ein Instrument, ein Werkzeug, das von der Hauptursache verwendet wird, um ihre Wirkung zu erzielen. Bei der Abfassung dieses Textes bin ich selbst die Hauptursache dafür, dass dieser Text auf dem Computermonitor oder später auf Papier gedruckt erscheint. Die instrumentelle Ursache ist die Tastatur des Computers, die Software und all die anderen Mittel, die erforderlich sind, damit es zu diesem Ergebnis kommt. Dabei muss das Werkzeug selbst eine ihm eigene Kraft, ein ihm eigenes Vermögen haben, denn wenn z.B. die Software defekt ist, oder die Tastatur durch den Kaffee, der darüber verschüttet wurde, beschädigt ist, dann ist diese Kraft nicht vorhanden. Die eigentliche instrumentelle Kraft ist allerdings die dem Instrument von der Hauptursache mitgeteilte Kraft.

An dritter Stelle werden die Wirkursachen hinsichtlich des Umfangs der Tätigkeit in zwei Gattungen eingeteilt. Hinsichtlich ein und derselben Wirkung unterscheidet man Total- und Teilursache, und hinsichtlich dessen, dass es mehrere Wirkungen gibt, unterscheidet man allgemeine und besondere Ursachen. Die erste Einteilung, also die zwischen Total- und Teilursache antwortet auf die Frage, ob eine Ursache allein die Wirkung erzielt oder ob mehrere Ursachen zusammenwirken. Die zweite Einteilung zwischen allgemeiner und spezieller Ursache gibt Auskunft über die Frage, ob eine Ursache ganz verschiedene oder nur eine ganz bestimmte Wirkung hervorbringen kann. An Beispielen erläutert: Der Bau eines Gartenhäuschens kann unter Umständen von einer Person allein durchgeführt werden, sie ist in diesem Fall die Totalursache. Ein größerer Bau erfordert zahlreiche Bauleute, die jeder für sich als Teilursache bei der Errichtung des Gebäudes wirksam werden. Der Mensch ist nicht nur in der Lage Gebäude zu errichten, sondern er kann Bäume pflanzen, Bücher schreiben oder Kunstwerke schaffen. In diesem Fall wird der Mensch als allgemeine Ursache bezeichnet, da er spezifisch unterschiedliche Wirkungen hervorbringen kann. Eine spezifische Ursache ist eine solche, die nur eine ganz bestimmte, der Ursache gleichartige Wirkung hervorbringt, so wie der Kastanienbaum nur Kastanienbäume zeugen kann und der Mensch nur Menschen. Zeugung ist eine spezielle Ursache.

Die vierte Einteilung der Wirkursachen ist die hinsichtlich der Art und Weise des Wirkens. Hier unterscheiden die Philosophen moralische und physische Ursachen. Ja, Sie haben richtig gelesen: moralische Ursachen. Was ist eine moralische Ursache? Eine moralische Ursache ist immer eine rationale Person, die andere rationale Personen durch verschiedene Mittel, wie Überzeugung, Argumentation, Rat oder Bitte, aber auch durch Belohnung, Bestrafung oder Befehl zu einer bestimmten Tätigkeit veranlasst. Dies findet sich z.B. in der Erziehung oder in der Ausbildung. Eine physische Ursache ist hingegen eine Ursache, die durch eine bestimmte physische Kraft wirkt. Dies kann eine Kraft sein, die aus dem Wesen einer Substanz folgt, wie bei allen nicht rationalen Lebewesen, oder aber durch freie Selbstbestimmung eines rationalen Wesens, wenn es nach rationalen Überlegungen handelt.

Nach so vielen Unterscheidungen sind Sie hoffentlich nicht verwirrt. Die moderne Philosophie kennt die meisten dieser Unterscheidungen nicht, weil sie ein völlig anderes Kausalverständnis hat. Wenn man aber über das Gesagte etwas nachdenkt, glaube ich, dass man durchaus versteht, dass diese Einteilungen mit unserem Vorverständnis der Ursache-Wirkungs-Relation übereinstimmen. Viele Debatten in der Gegenwartsphilosophie könnten leicht entschieden oder vermieden werden, wenn man diese Differenzierungen des Kausalbegriffs ernst nähme. Wir werden vielleicht noch auf Probleme stoßen, in denen uns diese Unterscheidungen weiterhelfen können.

Prinzipien der Wirkursache

Wir wenden uns jetzt noch einigen zentralen Grundsätzen für die Wirklichkeit der Wirkursache zu (vgl. Kälin, 151f.). Fast alle diese Prinzipien werden heute in Frage gestellt, doch ich glaube, dass sie unserem gesunden Menschenverstand sehr gut entsprechen.

Zunächst ist da das Prinzip, dass sich Ursache und Wirkung entsprechen müssen. Die Ursache kann nichts bewirken, was weit über ihre Kräfte hinausgeht, und die Wirkung kann nicht größer sein als die Ursache. Natürlich kann die Ursache noch verschiedene andere Inhalte besitzen als die, die sie bewirkt, doch hinsichtlich ihrer Bestimmung als Ursache kann sie nicht etwas bewirken, was größer ist als sie selbst. Ein Bauarbeiter hat eine große Vielfalt verschiedener Fähigkeiten - er ist möglicherweise Familienvater und bastelt in seiner Freizeit Modellflugzeuge - doch als Bauarbeiter ist er derjenige, der am Bau eines Hauses mitwirkt und insofern eine der Wirkursachen des Hauses ist. Aus diesem Prinzip folgt auch, dass etwas weniger Vollkommenes nicht etwas mehr Vollkommenes hervorbringen kann. Amseln legen keine Eier, aus denen kleine Mäuse schlüpfen, wenn mir voraussetzen, dass Mäuse als Säugetier vollkommener sind als Amseln, auch wenn letztere schöner singen können als Mäuse.

Das Prinzip, dass Ursache und Wirkung sich entsprechen müssen, wird heute in vielfältiger Weise in Frage gestellt, was unter anderem natürlich mit dem phänomenalistischen Kausalverständnis zu tun hat, für das nicht Substanzen bzw. Dinge Ursachen sind, sondern Ursache und Wirkung nur als zeitliche Folge verstanden werden. So wurden von verschiedenen Wissenschaftlern bestimmte Ergebnisse der sogenannten Chaostheorie so gedeutet, dass eine minimale Ursache sehr weitreichende Folgen haben kann. Als Beispiel wurde das sogenannte „Schmetterlingsphänomen" angeführt, nachdem der Flug eines Schmetterlings in China zu gewaltigen Orkanen in den USA führen kann. Heute gehören derartige Theorien eher in den Bereich der Esoterik als zur strengen Wissenschaft.

Aber auch die Evolutionstheorie behauptet, dass Ursache und Wirkung nicht notwendigerweise in einem proportionalen Verhältnis zueinander stehen müssen. So kann nach Auffassung der Evolutionstheorie eine niedrigere Art eine höhere Art hervorbringen, was durch Mutation und Selektion geschehen soll. Wir wollen hier nicht die Evolutionstheorie in Frage stellen, allerdings widerspricht diese Behauptung - denn mehr als eine Behauptung, eine Hypothese ist es nicht - dem genannten Prinzip. Sollte es tatsächlich der Fall sein, dass höhere Arten aus niedrigen Arten hervorgegangen sind, dann sind auf jeden Fall weitere Ursachen erforderlich, damit dies geschehen konnte, und keinesfalls ist die niedrigere Art Ursache der höheren.

Kommen wir zu einem weiteren Prinzip der Wirkursache. Es lautet: die Wirkung ist in der Ursache enthalten, oder in anderen Worten, niemand kann etwas geben, was er nicht hat. Dieses Prinzip gründet, wie auch das erste, letztlich im Nichtwiderspruchsprinzip, dem obersten ontologischen und logischen Gesetz, dass etwas nicht zugleich sein und nicht sein kann, zumindest nicht in ein und derselben Hinsicht. Wenn die Wirkung nicht in irgendeiner Weise in der Ursache enthalten wäre, dann könnte etwas aus Nichts entste-

hen. Was aber nichts ist, dass kann auch nichts bewirken, oder wie
der gesunde Menschenverstand sagt: Aus Nichts wird nichts. Eine
Ursache bringt im Allgemeinen eine dieser Ursache entsprechende
Art hervor. So bringt ein Kastanienbaum neue Kastanien hervor
und Menschen zeugen neue Menschen. Eine Amsel bringt aber keine Mäuse hervor, selbst keine Fledermäuse. Wenn Ursache und
Wirkung grundsätzlich verschieden sind, dann ist die Wirkung zumindest der Kraft nach in der Ursache enthalten. Dies trifft zu bei
menschlichen Hervorbringungen, wie beim Bauarbeiter, der ein
Haus baut, aber auch beim Vogel, der ein Nest baut.

„Agere sequitur esse", lautet ein Prinzip der aristotelisch-
thomistischen Philosophie und das bedeutet, dass die Tätigkeit aus
dem Sein folgt, dass sie dem Sein entspricht. Nicht nur Ursache
und Wirkung entsprechen einander, sondern auch das Ding und
das, was dieses Ding vermag oder tut. Dieser Grundsatz hängt mit
dem zuvor Genannten zusammen, nach dem etwas nichts geben
kann, was es nicht hat. Was ein Ding ist oder wie es ist, bestimmt,
wie es tätig ist, was es wirkt. Die Tätigkeiten eines Kastanienbaums,
wie Wachstum, Vermehrung, die Produktion von Kastanien und
Blättern und all die anderen Tätigkeiten des Kastanienbaums folgen aus seinem Wesen, und es ist nicht möglich, dass der Kastanienbaum irgendetwas tut, was seinem Wesen nicht entspricht.

Einleuchtend ist auch das Prinzip, dass nichts Ursache seiner selbst
ist. Auch hier kann man die Wahrheit des Prinzips durch den Hinweis auf das Nichtwiderspruchsprinzip beweisen, denn wenn etwas
Ursache seiner selbst wäre, dann müsste es schon existieren, bevor
es existiert, was widersinnig ist. Mit diesem Prinzip verbunden ist
ein fünftes Prinzip, das für die aristotelisch-scholastische Kausaltheorie von großer Bedeutung ist: alles was bewegt wird, wird
von einem anderen bewegt. Wir haben dieses Prinzip schon in den
früheren Kapiteln kennengelernt, besonders im Zusammenhang
mit der Akt-Potenz-Theorie. Das, was sich verändert, ist in Potenz
und wird durch einen Akt aktualisiert, verwirklicht. Keine Potenz
kann sich selbst aktualisieren, wie wir früher gesehen haben.

Zweckursache

Man könnte noch weitere Prinzipien der Wirkkausalität nennen, doch wollen wir es bei diesen fünf belassen. Bevor wir auf die Einwände gegen die aristotelisch-scholastische Kausaltheorie eingehen, wollen wir uns zunächst noch etwas genauer mit der wichtigsten Form der Ursächlichkeit beschäftigen, der Zweck- oder der Zielursache, zumal diese heute und bereits seit fast 800 Jahren am entschiedensten abgelehnt wird. Das Verständnis der anderen drei Ursachen wird aber wesentlich durch die Zweckursache erhellt.

Was versteht man unter einer Zweckursache? Wir haben bereits einige Beispiele für das, mit Zweckursachen gemeint ist, vorgestellt. Wenn ich von Freiburg nach Stuttgart reise, dann gibt es einen Zweck dieser Reise, nämlich z.B. der Besuch eines Freundes. Wenn Susanne ihre Haare färbt, dann tut sie dies ebenfalls um eines Zweckes willen. Was nun hinsichtlich menschlicher Handlungen weniger umstritten ist, wird von der aristotelisch-scholastischen Philosophie aber auf jede Art der Veränderung übertragen. Jede Veränderung geschieht um eines Zweckes willen, d.h. die Veränderung, das Werden hat immer ein Ziel oder einen Zweck, der als „Ursache" bei der Veränderung wirksam ist. Natürlich ist dies keine Wirkursache, doch nach Auffassung dieser realistischen Philosophie gibt es eben nicht nur Wirkursachen, sondern vier verschiedene Ursachenarten. Sollte sich jemand allerdings an dem Wort „Ursache" im Zusammenhang mit Zielen oder Zwecken stören, dann kann man durchaus auch das Wort „Grund" einsetzen. Der Zweck oder das Ziel - beides bedeutet in unserem Zusammenhang dasselbe - ist der *Grund*, warum etwas geschieht. Um irgendeinen Vorgang vollständig zu erklären, muss man angeben, welchen Zweck dieser Vorgang, diese Veränderung, dieses Werden hat. Deshalb kann man die Zweckursache auch beschreiben als dasjenige, *weswegen* etwas geschieht. Die Zweckursache dafür, dass der Kastanienbaum im Herbst Kastanien abwirft, ist die Fortpflanzung. Zahlreiche organische Vorgänge des Baumes lassen sich erst dadurch verstehen, dass diese Vorgänge auf die Fortpflanzung als Ziel des Baumes gerichtet sind. Wie alle anderen Lebewesen hat auch der Kastanienbaum zwei hauptsächliche Ziele: außer der Fortpflanzung der Art, die Selbsterhaltung des Individuums, also die Erhaltung seiner selbst. Die Zweckursache wird auch *Zielursache* genannt, weil die Tätigkeit, die Veränderung darin zu einem Ende kommt. Die Reise endet, wenn ich bei Franz angekommen bin. Das, was in einem Prozess angestrebt wird, also der Zweck, ist immer ein Gut. Die Erhaltung der Art durch die Hervorbringung und das Abwerfen der Kastanien ist selbstverständlich etwas Gutes, denn wenn die Kastanienbäume dies „vergäßen", gäbe es bald keine mehr. Auch der Besuch eines Freundes ist etwas Gutes. Man könnte hinsichtlich bestimmter menschlicher Handlungen freilich einwenden, dass diese keineswegs immer gut sind, und dies ist sicher richtig. Das Wort „gut" ist hier in einem rein formalen Sinne genommen. Auch das Ziel eines Bankraubs, das Geld, ist zweifellos ein Gut; die meisten Menschen streben danach, Geld zu bekommen, weil sie davon Dinge anschaffen können, die sie zum Leben benötigen. Insofern ist die Zweckursache selbst eines Bankraubs ein Gut. Allerdings ist es möglich, dass bei menschlichen Handlungen die Erkenntnis zu schwach ist, um zu bemerken, dass das erstrebte Gut nicht auf diese Weise erstrebt werden kann oder erstrebt werden darf; oder der Wille ist zu schwach, um der vorhandenen richtigen Einsicht auch zu folgen. Dies fällt aber in den Bereich der Moral oder der Ethik. Bei nicht-menschlichen Lebewesen gibt es derartige Probleme nicht, denn das von ihnen angestrebte ist in jedem Fall ein Gut. Der Zweck des Wachstums unseres Kastanienbaums ist die Vollendung, die Vervollkommnung und diese ist natürlich ein Gut. Jedes Lebewesen strebt nach seiner eigenen Vervollkommnung, dies ist die Zweckursache zahlreicher physiologischer und biologischer Vorgänge der pflanzlichen und tierischen Organismen, das Gut, welches erstrebt wird.

In der Betrachtung der Ursachen ist die Zweckursache die erste Ursache, sie steht am Anfang der Veränderung, denn sie ist gewissermaßen der Plan, nach dem die Veränderung geschieht. Anderseits ist sie das Letzte, das erreicht wird, denn die Zielursache bezeichnet das Ende der Veränderungen, wo die Veränderung aufhört. Es die Zweckursache, die die Wirkursache zu ihrem Wirken veranlasst. Thomas von Aquin bezeichnet deshalb die Zweckursache als „Ursache der Ursachen". Die Wirkursache, wie überhaupt das ganze Geschehen, die ganze Veränderung wird erst verständlich durch den Zweck der Veränderung. Ohne die Zweckursache gäbe es überhaupt keine Veränderung und damit weder eine Materialursache, noch eine Form- oder Wirkursache. Natürlich ist die Zweckursache keine Wirkursache, sie „wirkt" nicht in dem Sinne, wie eine Wirkursache wirkt. Dies ist ein weitverbreitetes Missverständnis, das dazu beiträgt, dass man bestreitet, dass es so etwas wie eine Zweckursache überhaupt gibt. Die Zweckursache ist keine physische Kraft, die etwas bewirkt, wie ein Motor, der ein Rad antreibt. Aber es gibt eben verschiedene Arten von Ursachen, wie wir hier deutlich zu machen versuchen. Auch die Formursache oder die Materialursache sind keine Wirkursachen. So versetzt auch die Zielursache nicht ein Geschehen in Bewegung, sie aktualisiert nicht eine Potenz, denn dies geschieht nur durch die Wirkursache. Die Zweckursache leitet die Veränderung auf ein Ziel hin, durch sie bekommt die Veränderung eine Richtung, die Richtung auf ein Ziel, das stets ein Gut ist.

Um die Bedeutung der Zweckursache in ihrem Zusammenhang mit den drei anderen Ursachen besser zu verstehen, wollen wir uns einige Beispiele aus der Natur genauer ansehen. Damit der Arzt das Herz des Menschen richtig begreift, muss er wissen, dass es sich um einen Muskel handelt. Der Herzmuskel unterscheidet sich von allen anderen Muskeln des menschlichen Körpers bis hinein in die mikroskopischen Details. Ein Histologe kann aus einigen wenigen Zellen sofort erkennen, dass es sich um Herzmuskelzellen handelt. Dies ist die Materialursache des Herzens, das, woraus das Herz besteht. Dass es sich gerade um diese bestimmte Art von Muskelgewebe handelt, das sich von allem anderen Muskelgewebe im Körper unterscheidet, wird durch die Formursache bestimmt. Sie ist nämlich die Ursache, die bestimmt, was etwas ist. Durch die Formursache wird das Herz gebildet mit verschiedenen Kammern, den Vorhöfen, und es erhält die bestimmte Gestalt, die für das menschliche Herz charakteristisch ist. Als Wirkursache des Herzens könnte man bestimmte biologische Prozesse betrachten, die gewisse embryonale Zellen zu Herzzellen bilden und nicht zu Leber- oder Hautzellen. Doch alle diese Ursachen und die ganze Struktur des Herzens wird dem Mediziner erst völlig klar, wenn er verstanden hat, was die Zweckursache des Herzens ist. Dieser Zweck besteht darin, das Blut in alle Zellen des Körpers zu pumpen. Dieser Zweck bestimmt die Gestalt des Herzens und seine angemessene Größe, er bestimmt die Zellen des Herzens als besonders kräftige und widerstandsfähige Muskelzellen, und der Zweck bestimmt die embryonalen Prozesse bei der Bildung des Herzens, aber auch die Wirkursachen bei der Tätigkeit des Herzens.

Vielleicht werden Sie an dieser Stelle einwenden: Ich verstehe was Sie meinen, aber warum sprechen Sie von Zweckursachen? Ist das denn nicht dasselbe, was die modernen Naturwissenschaften als *„Funktion"* bezeichnen? Es ist die Funktion des Herzen, Blut in den Organismus zu pumpen. Dieser Einwand ist nicht ganz falsch, doch er begreift die Finalursache (der philosophische Fachbegriff für die Zweckursache) zu eng. Man kann durchaus sagen, dass alle Funktionen Instanzen von Finalursachen sind, aber nicht alle Finalursachen beinhalten Funktionen. Unter einer Funktion versteht man in biologischer Hinsicht eine bestimmte Rolle, die ein Organ oder eine Zelle im Leben eines Tieres spielt, aber auch z.B. die Rolle, die ein mechanisches Teil in einem technischen Apparat spielt. Doch die Finalkausalität oder, um einen modernen Begriff zu verwenden, den Sie in der heutigen Fachliteratur häufig finden werden, die Teleologie (vom griechischen Wort „telos", Ziel, Zweck) hat nicht nur Bedeutung für biologische oder mechanische Prozesse, sondern für jede Veränderung. Und es gibt sehr viele Veränderungen im Universum, einschließlich der Erde, bei der moderne Naturwissenschaftler und Philosophen jede Zweckgerichtetheit und auch jede Funktion strikt abstreiten. Nicht jedoch die aristotelisch-scholastische Philosophie, die im Gegenteil behauptet, dass *jede* Veränderung zweckgerichtet ist, dass jeder Prozess eine Zielursache hat. Jede Wirkursache ist auf ein Ziel gerichtet! Dies ist das Grundprinzip der aristotelisch-scholastischen Teleologie. Der amerikanische Philosoph Edward Feser nennt ein ganz schlichtes Beispiel: Ein Streichholz das an einer entsprechende Fläche gerieben wird, produziert Feuer und Hitze, aber nicht Frost und Kälte. Dies ist deshalb so, weil diese Ursache auf diese Zwecke gerichtet ist und zwar sind diese Zwecke im Ding, im Streichholz selbst enthalten. Die Zweckursachen sind den Dingen nicht äußerlich, sondern in den Dingen selbst. Dies ist auch ein Unterschied zu verschiedenen modernen teleologischen Auffassungen, z.B. der nicht zu Unrecht sehr umstrittenen sogenannten „Intelligent Design" Theorie. Und dieses Beispiel des Streichholzes, macht wie viele andere Beispiele zugleich deutlich, dass das Streichholz nicht eine Funktion innerhalb eines größeren Systems ist.

Alle Dinge im Universum und alle Veränderungen haben eine Zweckursache. Dies bedeutet etwas wesentlich anderes als die Behauptung, alles habe eine Funktion; eine Behauptung, die zudem unplausibel ist und - soweit ich weiß - auch von niemandem vertreten wird. Dass irgendeine Wirkursache gerade zu dieser Wirkung und nicht zu irgendeiner anderen Wirkung führt, dies wird verständlich durch die Finalursache. Sie bewirkt, dass eine bestimmte Ursache genau diese Wirkung(en) und keine andere generiert. Für die Naturwissenschaft hört die Forschung dort auf, wo man den Zusammenhang zwischen Ursache und Wirkung erkannt hat. Wenn diese Ursache vorliegt, erfolgt diese Wirkung, bzw. diese Wirkungen. Ein solcher Zusammenhang wird in einem Gesetz, wenn möglich, in mathematischer Ausdrucksweise formuliert. „Reibung erzeugt Wärme" ist ein solches Gesetz (wenn auch hier sehr einfach ausgedrückt). Die Philosophie kann dabei nicht stehenbleiben. Leider bleibt aber die moderne Philosophie hier stehen und fragt nicht weiter: warum erzeugt Reibung Wärme? Und mit diesem Warum ist nicht nach weiteren Details des Vorgangs gefragt, wie sie selbstverständlich auch von der Naturwissenschaft erforscht werden. Gefragt ist letztlich nach dem Zweck. Nur die Zweckursache kann verständlich machen, warum Reibung Wärme erzeugt und nicht Kälte oder irgendetwas anderes. Reibung ist auf diesen Zweck gerichtet, das Ziel dieses Vorgangs ist die Wärme.

Gegen die aristotelisch-scholastische Kausaltheorie sind zahlreiche Einwände vorgebracht worden, von denen wir einige bereits kennengelernt haben. Zum Abschluss dieses letzten Kapitels wollen wir uns diesen Kritiken zuwenden zum besseren Verständnis des bisher Dargelegten.

Einwände gegen die aristotelisch-scholastische Kausaltheorie

Ein ganz wichtiger Einwand, insbesondere hinsichtlich der Wirkursache, besteht in der Behauptung einer *kausalen Geschlossenheit der physikalischen Welt*. Damit wird nicht die Kausalität grundsätzlich in Frage gestellt, sondern es wird behauptet, dass für alle natürlichen

Vorgänge ausschließlich natürliche Ursachen verantwortlich sind. Diese Auffassung wird von sogenannten *Naturalisten* verteidigt. Damit gemeint ist unter anderem, dass es keine psychischen oder geistigen Ursachen gibt, die in die physikalische Welt hineinwirken können. Dies ist im Zusammenhang mit der Philosophie des Geistes von Bedeutung, die wir in diesem Buch nicht behandelt haben. Dabei geht es um das Verhältnis von Leib und Seele beim Menschen, aber auch bei höheren Tieren. Der Naturalist bestreitet, dass es irgendeine Wirkung geben kann, die vom menschlichen Geist oder von seiner Seele auf den Körper ausgeübt wird. Folglich bestreitet der Naturalist, dass es überhaupt so etwas wie eine Seele oder einen Geist gibt. Das Prinzip des Naturalisten lässt sich folgendermaßen formulieren: Jede physische Wirkung hat eine physische Ursache. In einem weiteren Sinne, der nicht nur das Problem des Verhältnisses von Leib und Seele betrifft, behauptet die Theorie der kausalen Geschlossenheit der physikalischen Welt, dass es nicht nur keine psychischen oder mentalen Ursachen gibt, die in die physikalische Welt hineinwirken, sondern dass es auch keine über- oder ausserweltlichen Ursachen gibt, die in unsere Welt einwirken. Es wird damit grundsätzlich jede Möglichkeit einer Einwirkung nicht-physischer Ursachen auf Physisches ausgeschlossen.

Wirkliche Argumente für diese These gibt es allerdings nicht. Vielmehr handelt es sich um so etwas wie ein materialistisches Dogma der modernen Philosophie. Wir wollen einige Argumente für diese These anführen und widerlegen. Zunächst kann man sich auf das auch von uns genannte Prinzip berufen, dass für jede Wirkung eine proportionale Ursache verlangt. Wenn dieses Prinzip zutrifft, so der Naturalist, dann kann eine physische Wirkung keine geistige Ursache haben, bzw. kann eine natürliche Wirkung keine übernatürliche Ursache haben.

Dieser Einwand ist insofern zutreffend, als man zugestehen kann, dass überall dort, wo eine physische oder natürliche Ursache ausreicht, um eine bestimmte Wirkung hinreichend zu erklären, weitere Ursachen zur Erklärung nicht erforderlich sind. Wo dies aber nicht der Fall ist, sind zur Erklärung einer Wirkung Ursachen zu berücksichtigen, die nicht physischen oder natürlichen Ursprungs sind. Das Gesetz der proportionalen Ursache und Wirkung besagt nicht, dass die Ursache notwendig aus der gleichen Ordnung stammen muss, wie die Wirkung. Ein solches Gesetz ist schlicht falsch und durch keine empirische Tatsache zu beweisen. Zudem ist eine Ursache, die aus einer höheren Ordnung stammt, erst recht geeignet und hinreichend, eine Wirkung aus einer niedrigeren Ordnung zu erklären. Ein Buch ist ein materieller, physikalischer Gegenstand, der aber sicher nicht durch ein anderes Buch oder einen anderen physikalischen Gegenstand hervorgebracht wurde, sondern es ist ein Produkt des menschlichen Geistes. Selbst eine Maschine ist nicht durch eine andere Maschine produziert worden (wenn dies auch für bestimmte Maschinen zutreffen mag), sondern auch diese ist ein Produkt des menschlichen Geistes. Freilich könnte man nun versuchen, den menschlichen Geist ‚wegzuerklären‘ und ihn auf das Gehirn zu reduzieren, was in der aktuellen Philosophie des Geistes eine sehr verbreitete Tendenz ist. Eine Auseinandersetzung mit diesen Theorien ist hier leider nicht möglich (vgl. Edward Feser, 2006); sie widersprechen zumindest dem gesunden Menschenverstand in erheblichem Maße.

Ein weiteres Argument nimmt Bezug auf die moderne Wissenschaft, die alles was geschieht, ausschließlich durch physische Ursachen zu erklären versucht, und die übernatürliche Ursachen grundsätzlich aus der wissenschaftlichen Erkenntnis ausschließt. Nun bestreiten wir der Naturwissenschaft keineswegs das Recht, ihr Gebiet so einzuschränken, wie sie dies für ihre Forschungen für notwendig hält. Die Physik untersucht ausschließlich physikalische Kausalzusammenhänge und macht eine Reihe von Voraussetzungen, zu denen auch gehört, dass nicht-physische Ursachen nicht Gegenstand ihrer Forschungen sind. Auch lässt die Physik Formal- und Finalursachen außerhalb ihres Forschungsbereichs. Dagegen ist solange nichts zu sagen, als man sich dieser Voraussetzungen bewusst bleibt. Die moderne Physik ist eine strikt mechanistische Wissenschaft (was von den anderen Naturwissenschaften mehr oder weniger auch gilt), wobei ich den Begriff „mechanistisch" hier in einem philosophischen Sinne verwende zur Bezeichnung einer Theorie, die Zweckursachen aus ihrer Forschung ausblendet. Wenn nun ein Naturwissenschaftler aber anschließend bestreitet, dass es Formal- oder Finalursachen gibt, dann ist dies selbst ein unwissenschaftliches Unterfangen. Dass man zu interessanten und weitreichenden Erkenntnissen kommen kann, wenn man ein mechanistisches Weltverständnis voraussetzt, beweist keineswegs die Richtigkeit dieses Weltverständnisses. Moderne Philosophen neigen dazu, die Einzelwissenschaften für etwas zu beanspruchen, was diese nicht zu leisten vermögen und diese damit zu überfordern. Die Einzelwissenschaften sind nicht in der Lage allgemeine Theorien über die Welt zu entwickeln, wie dies die Aufgabe der Philosophie ist. So kann keine einzige Einzelwissenschaft etwas über das Wesen der Dinge sagen, da dies nicht zu ihrem Gegenstandsbereich gehört. Die Untersuchung der Wesenheiten ist Aufgabe der Philosophie. Wenn diese nun die Ausblendung der Wesenheiten durch die Einzelwissenschaften als Beleg dafür nimmt, dass es keine Wesenheiten gibt, überinterpretiert man die Ergebnisse der Einzelwissenschaften.

Ein anderes Argument für die kausale Geschlossenheit der physikalischen Welt beruft sich auf das Gesetz von der Erhaltung der Energie. Dieses Gesetz, so heißt es, würde verletzt, wenn seelische oder geistige Ursachen in die physikalische Welt einwirken könnten. Zudem sei bisher noch nie eine solche Einwirkung beobachtet worden.

Man könnte gegen diese Behauptung gewisse Erkenntnisse aus der Quantenphysik anführen, die zumindest nicht im Widerspruch zu einer möglichen Einwirkung nicht-physischer Ursachen auf physische Wirkungen sprechen. Ein philosophischer Einwand gegen dieses Argument kann sich aber auf das berufen, was wir gerade zuvor vorgebracht haben. Das Gesetz von der Erhaltung der Energie ist ein physikalisches Gesetz das unter den Voraussetzungen der Physik entdeckt wurde und unter diesen Voraussetzungen für die materielle Welt Gültigkeit besitzt. Das Gesetz sagt nichts gegen die Möglichkeit einer Einwirkung von seelischen Ursachen auf materielle Gegenstände und steht zu einer solchen Einwirkung auch nicht im Widerspruch, denn eine „mentale Verursachung", wie man eine solche Kausalität nennt, ist nicht notwendigerweise mit einer Vermehrung der Summe der Energie innerhalb der materiellen Welt verbunden. Mentale Verursachung könnte z.B. auch nur eine Umformung oder Ausrichtung vorhandener Energie bewirken. Auch wenn es keine empirischen Beobachtungen einer mentalen

Verursachung gibt, bedeutet dies nicht, dass es diese nicht geben kann.

Wir hatten bereits weiter oben kurz auf den schwerwiegenden Skeptizismus David Humes im Zusammenhang mit der Kausalität hingewiesen. Hume ist der Auffassung, dass das, was wir als eine Beziehung von Ursache und Wirkung verstehen, nichts anderes ist als ein zeitliches Nacheinander verschiedener Zustände. Daher ist es für ihn durchaus vorstellbar, dass wir etwas wahrnehmen, das ohne jede Ursache ins Sein tritt. Nehmen Sie an, sie sind irgendwo am Strand von Mallorca und entdecken plötzlich eine Kastanie am Strand, wo noch wenige Sekunden zuvor keine zu finden war. Für Hume ist so etwas durchaus vorstellbar und zwar ohne jede Ursache, denn Ursachen in dem von uns zuvor bezeichneten Sinne gibt es für ihn nicht. Dies hängt natürlich mit den philosophischen Voraussetzungen Humes zusammen, nämlich seinem Empirismus. Hume ist der Auffassung, dass wir nichts anderes wahrnehmen als bestimmte Sinnesdaten, nicht jedoch Dinge im eigentlichen Sinne des Wortes. Dinge sind nach empiristischer Auffassung Komplexe bestimmter Sinnesdaten, wie braun, rundlich, glatt, eine bestimmte Größe usw. Auf Grund dieser Annahme versteht Hume, wie auch andere Empiristen, Kausalität nicht als Seinsentstehung, als Entstehung von etwas Neuem, das zuvor nicht da war, sondern als Abfolge bestimmter Erscheinungen. Zunächst haben wir eine bestimmte Erscheinung A und anschließend die Erscheinung B. Sofern A und B in allen beobachteten Fällen immer hintereinander auftreten, sind wir geneigt, dies als einen kausalen Zusammenhang von Ursache und Wirkung zu verstehen. In Wirklichkeit, so Hume, liegt hier nichts anderes vor als ein zeitliches Aufeinanderfolgen von A und B, das sich in dem Konditionalsatz ausdrücken lässt, wenn A dann B. Doch dieser Satz sagt nichts über einen kausalen Zusammenhang in unserem Sinne aus.

Es hat verschiedene Einwände gegen Humes Kausalverständnis gegeben und bereits Kant hat versucht, Hume zu widerlegen, allerdings auf eine Weise, die das Verhältnis von Ursache und Wirkung in das Bewusstsein verlegt und die Kausalrelation als eine Denknotwendigkeit begreift, von der man nicht sagen kann, ob diesem Gedachten etwas in der Wirklichkeit entspricht. Die Debatte um die

Frage der Kausalität und die Auseinandersetzung mit David Humes Theorie geht bis heute weiter. Ein sehr wichtiger Einwand stammt von der englischen Philosophin Elizabeth Anscombe (1981: 'Whatever has a Beginning of Existence must have a Cause': Hume's Argument Exposed, In: Elizabeth Anscomb, Collected Philosophical Papers, Volume 1, Basil Blackwell), den ich hier mit eigenen Worten und mit unserem Beispiel darstellen möchte. Angenommen Sie würden tatsächlich eine Kastanie am Strand von Mallorca entdecken an einer Stelle, wo Sie diese noch wenige Sekunden zuvor nicht gesehen haben. Wie würden Sie reagieren? Sie würden gewiss nicht zu dem Schluss kommen, dass diese Kastanie ohne jede Ursache in die Existenz gekommen ist. Vielmehr würden Sie sofort Ihren Nachbarn oder zumindest sich selbst fragen: „Woher kommt diese Kastanie?" Diese Frage setzt voraus, dass es eine Ursache dafür geben muss, dass die Kastanie dort liegt. Sie würden eher eine mysteriöse Erklärung wie Zauberei und Magie akzeptieren, als die Annahme, dass die Kastanie ohne jede Ursache dorthin gekommen ist. Möglicherweise würden Sie, falls Ihnen bestimmte esoterische Erklärungen nicht behagen, zu dem Schluss gelangen, dass es Ihnen vielleicht nie gelingen wird, die Ursache für das Vorkommen der Kastanie am Strand herauszufinden. Doch auf keinen Fall würden Sie glauben, dass die Kastanie ohne jede Ursache dorthin gelangt ist. Dies zeigt, dass es eine Situation, wie sie von Hume beschrieben wird, eine Situation, bei der etwas ohne jede Ursache in die Existenz kommt, *nicht vorstellbar* ist. Wir können uns eine solche Situation so wenig vorstellen wie ein rundes Dreieck und auch Hume konnte sich diese Situation nicht wirklich vorstellen. Es ist aber sehr gut vorstellbar, dass etwas in die Existenz kommt, ohne dass wir die Ursache kennen, nicht jedoch, dass dieses „in die Existenz kommen" ohne Ursache ist.

Wenden wir uns noch ganz kurz einem anderen Argument gegen die Kausalität zu, das Bezug nimmt auf die moderne Quantenphysik. Es wird behauptet, die Quantenmechanik hebe die Kausalität zumindest in bestimmten Bereichen auf, da die Quantenmechanik gezeigt habe, dass die Welt nicht deterministisch ist. Der Determinismus ist die Behauptung, dass alles was in der Welt geschieht, nach strengen naturwissenschaftlichen Gesetzen bestimmt abläuft. Es mag sein, dass dieses Argument gegen ein mechanistisches Verständnis der Kausalität, wie es von bestimmten Naturwissenschaftlern und vor allem Philosophen vertreten wird bzw. vertreten wurde, zutrifft. Auf keinen Fall ist dies ein Argument gegen die von uns zuvor dargestellte nicht-mechanistische Kausaltheorie. Nach dem aristotelisch-scholastischen Kausalverständnis muss nicht jede Ursache eine deterministische Ursache sein, und dieser klassische Kausalbegriffs ist daher sehr gut mit den Ergebnissen der Quantenmechanik vereinbar.

Besonders heftig ist die neuzeitliche Philosophie und Wissenschaft Sturm gelaufen gegen die Zweckursache. Ohne die Finalursache werden allerdings alle Vorgänge in der Welt völlig sinnlos. Erst die Finalursachen geben den Dingen und Prozessen Richtung und Sinn. Die modernen wissenschaftlichen und sich daran orientierenden philosophischen Theorien wirken „blutleer", mechanistisch, weil sie es ablehnen, Finalursachen in ihre Überlegungen miteinzubeziehen. Was soll irgendein Gedanke, irgendeine menschliche Tätigkeit, die Moral, wenn diese nicht auf ein bestimmtes Ziel gerichtet ist, wenn sie keinen Zweck hat? Und nicht nur für menschliche Angelegenheiten gilt dies, sondern genauso für Vorgänge in der Natur, der belebten wie der unbelebten Natur. Die Umdrehung des Mondes um die Erde ist kein rein mechanischer Vorgang, sondern sie stabilisiert z.B. die Erdachse, sorgt für Ebbe und Flut und zwar so, dass die Kontinente nicht bis zur Hälfte überflutet werden, und zahlreiche weitere Ziele werden durch diese Umdrehung des Mondes um die Erde erreicht. Das Abwerfen der Kastanien vom Baum dient der Fortpflanzung des Kastanienbaums und der Gesang des Vogels im Frühling verfolgt den gleichen Zweck. Jeder Vorgang ist stets auf ein Ziel gerichtet. Eigentlich weiß auch die Wissenschaft um diese Zusammenhänge, doch gleichzeitig bestreitet sie, dass es sich dabei um zielgerichtete Tätigkeiten der Dinge handelt. Warum sie dies bestreitet, wird gleich offensichtlich. Denn objektiv gibt es keine wirklichen Argumente gegen die Zweckursachen, zumal dieselben Personen, die entschieden bestreiten, dass es Finalursachen gibt, in ihrem Alltagsleben ständig davon Gebrauch machen. Wissenschaftler leben häufig in zwei verschiedenen Welten und leider findet man auch immer häufiger sogenannte einfache Menschen, die durch einen „wissenschaftlichen" Glauben in zwei Welten leben. Man ist der festen Überzeugung, dass alle Finalursachen sich reduzieren lassen auf Beschreibungen, die keinen Bezug nehmen auf Zwecke oder Ziele. Sollte dies tatsächlich möglich sein, so wäre ich gespannt zu erfahren, wie eine solche Beschreibung aussieht. Denn mir ist keine wirklich *hinreichende* Beschreibung bekannt, die nicht Gebrauch macht von Finalursachen und die in Frage stehenden Phänomene vollständig durch eine moderne Kausaltheorie erklärt. Wie will man z.B. die Umdrehung des Mondes um die Erde erklären, ohne Bezug zu nehmen auf den Zweck der Stabilisierung der Erdachse? Wie will man irgendeinen physikalischen Vorgang erklären, ohne Bezugnahme auf das Ziel dieses Vorgangs? Wenn A B bewirkt, dann ist B das Ziel von A. Denn wenn B nicht das Ziel von A wäre, dann könnte jede beliebige Wirkung durch A eintreten; tatsächlich aber tritt B ein, wenn A und nicht C oder D.

Die aristotelisch-scholastische Auffassung der Finalursache unterscheidet sich dabei erheblich von der Teleologie, wie sie von der sogenannten *Intelligent Design Theorie* vertreten wird und die auf William Paley zurückgeht. Diese Theorie, die den meisten heutigen Gegnern der Finalität als Vorbild ihrer Kritik dient, kennt nur eine äußerliche, externe Finalität, während die aristotelisch-scholastische Philosophie eine innere, den Dingen inhärente Finalursache verteidigt. Eine externe Finalität setzt ein intelligentes Wesen voraus, einen Weltbaumeister, einen *Intelligent Designer* oder einen Gott, der das Universum zweckvoll eingerichtet hat. Dies ist jedoch für die Theorie der Finalursache in der aristotelisch-scholastischen Philosophie nicht der Fall. Finalursachen können ohne jede Bezugnahme auf Gott untersucht und beschrieben werden, denn sie sind den Dingen und Prozessen selbst inhärent, wie wir weiter erläutert haben. Die philosophischen Grundlagen der Intelligent Design Theorie unterscheiden sich nicht grundsätzlich von denen der modernen mechanistischen Philosophie und Wissenschaft. Diese Theorie weist - wie die moderne Wissenschaft - eine *inhärente* Zielursache in den Dingen selbst zurück und behauptet vor allem, dass für bestimmte, sehr komplexe Vorgänge, wie die Entstehung des menschlichen Auges, die Annahme einer externen Teleologie, also eines Intelligenten Designers die bessere wissenschaftliche Erklärung ist. Mit dieser Theorie hat die aristotelisch-scholastische Theorie der Zielursache kaum etwas gemein. Niemand wird durch diese Theorie genötigt, an Gott zu glauben oder

Gott in wissenschaftlichen Untersuchungen vorauszusetzen. Freilich hat Thomas von Aquin seinen „fünften Weg" zum Erweis Gottes auf die Finalursache gegründet, doch auch die anderen Ursachen dienten ihm zum Beweis der Existenz Gottes. Allerdings sind dazu weitere Argumente erforderlich und ergeben sich nicht schon aus der Anerkennung der Tatsache von Zweckursachen. Andererseits scheint mir der moderne Agnostizismus (Theorie der Unerkennbarkeit Gottes) insgeheim das wichtigste „Argument" gegen die Zweckursache zu sein.

Nach dieser Klarstellung können wir uns nun den Argumenten zuwenden, die gegen die Finalkausalität vorgebracht werden. Ich habe schon erwähnt, dass es kaum echte Argumente gegen diese aristotelische Theorie gibt. Oftmals wurde diese Theorie schlicht unbeachtet gelassen oder es wurden belustigende Beispiele angeführt, die die Haltlosigkeit dieser Theorie vorführen sollten. Ein Beispiel dafür ist die Antwort des Arztes auf die Frage des Patienten in Molièrs „Eingebildeten Kranken", warum Opium Schlaf erzeugt, Opium habe eine „dormitive Kraft". Da diese „dormitive Kraft" nichts anderes als die schlaffördernde Wirkung bedeutet, wäre dieser Satz tautologisch, es sagt also, Opium erzeugt Schlaf, weil Opium Schlaf erzeugt. In diesem Sinne, so behauptete man, hätte die Bezugnahme auf Zweckursachen keinerlei Erkenntniswert und wäre bestenfalls tautologisch. Doch obwohl dieser Satz sicherlich nicht besonders informativ ist, ist er nicht tautologisch. Er hat einen substantiellen Gehalt, wenn auch einen zugegebenermaßen sehr geringen. Der Satz „Opium erzeugt Schlaf, weil Opium Schlaf erzeugt" ist in der Tat tautologisch, aber der Satz „Opium hat eine dormitive Kraft", sagt mehr als dieser leere Satz. Er sagt nämlich, dass Opium eine bestimmte *Kraft*, eine *Potenz* besitzt, Schlaf zu erzeugen und dies ist keineswegs tautologisch. Dies wird unter anderem auch dadurch deutlich, dass Philosophen der frühen Neuzeit diese Kraft des Opiums bestritten haben, während niemand ernsthaft auf die Idee käme, eine wirklich tautologische Aussage zu bestreiten. Übrigens wurde diese Aussage von der „dormitiven Kraft" des Opiums deshalb bestritten, weil man strikt leugnete, dass es überhaupt inhärente Kräfte gibt (vgl. C.F.J. Martin, Thomas Aquinas: *God and Explanation*, Edinburgh University Press, 1998, S. 188ff.).

Ein zweites Argument gegen die Finalursache behauptet, dass die Annahme solcher Ursachen überflüssig ist, da sich diese vollständig auf nicht-finale Ursachen reduzieren lässt. Sollte dies tatsächlich zutreffen, wäre damit in der Tat die Theorie der Finalität widerlegt. Allerdings sagte ich bereits, dass eine solche Reduktion unmöglich ist und werde dies nun zu beweisen versuchen. Gegenwärtige Vertreter einer solchen Naturalisierung der Finalursachen sind Ruth Millikan und Daniel Dennett (Ruth Millikan: *Language, Thought, and Other Biological Categories*, MIT Press 1987; Daniel Dennett: *Darwin's Dangerous Idea*, Simon & Schuster, 1987, v.a. Kapitel 14). Nehmen wir als Beispiel für die Naturalisierung einer Zweckursache das Beispiel der Nieren (vgl. E. Feser 2010, 250ff.). Die Nieren haben bei allen Tieren, die Nieren besitzen, und beim Menschen den Zweck das Blut zu reinigen (neben verschiedenen anderen Zwecken). Die Reduktion dieser Erklärung durch Finalursachen auf nicht-finale Ursachen sieht, stark vereinfacht, dann folgendermaßen aus: Die Vorläufer der Lebewesen, die zuerst Nieren entwickelten, überlebten in einer größeren Anzahl als Lebewesen ohne Nieren, weil deren Blut gereinigt wurde. Dies wiederum verursachte die Gene für Nieren, diese an folgende Generationen und Wesen der gleichen Art weiterzugeben. Dies bedeutet somit, dass unsere Aussage, die Niere oder irgendetwas habe die Funktion X, nichts anderes bedeutet, als dass die Niere durch die Evolution selektiert wurde, weil der erste Vorläufer X tat. Damit, so sind die Reduktionisten überzeugt, habe man gezeigt, dass Aussagen über Funktionen oder Zwecke auf Wirkursachen zurückführbar sind. Natürlich ist unsere Erklärung sehr stark vereinfacht, doch geht es auch nur um das Prinzip dieser Reduktion von Zweckursachen auf Wirkursachen (wobei der moderne Begriff der Wirkursache sich deutlich von dem von uns zuvor entwickelten Begriff unterscheidet).

Gegen dieses Argument wurden verschiedene Einwände vorgebracht (Jerry Fodor, In Critical Conditions: Polemic Essays on Cognitive Science and the Philosophy of Mind, MIT Press, 1998, S. 210). Eine absurde Implikation dieses Arguments für die Naturalisierung von Finalursachen ist, dass man nichts über die Funktion von Organen sagen könne, ohne deren evolutionäre Geschichte zu kennen, was allerdings den Tatsachen widerspricht. Wir wissen viel über die Funktion von Organen, ohne etwas über deren Evolution zu wissen. Eine weitere absurde Implikation aus der Theorie besteht in der Folgerung, dass nichts, was sich nicht entwickelt hat, eine biologische Funktion haben kann. Nach der dargestellten Theorie hatten die ersten Nieren keine Funktion, weil sie als Ergebnis einer zufälligen genetischen Mutation nicht durch die Evolution selektiert wurden. Aber angenommen, dass es zumindest theoretisch möglich ist, dass Darwins Theorie falsch ist (absolute Gewissheit gibt es in der Wissenschaft nicht) und Nieren nicht durch Evolution entstanden sind, dann wäre es sehr unwahrscheinlich, dass sie keine Funktion haben. Dies allerdings wäre eine Folge der Theorie, die behauptet, dass sich Zweckursachen auf Wirkursachen zurückführen lassen (vgl. Jerry Fodor, The Mind Doesn't Work That Way, MIT Press, 2000, S. 85).

Das wichtigste Argument freilich wurde von John Searle gegen die Naturalisierung von Zweckursachen vorgebracht, obgleich Searle alles andere als ein Anhänger der Teleologie ist. Natürliche Auslese, so Searle, hat nichts mit Teleologie oder natürlichen Funktionen zu tun. Wenn man behauptet, dass dieses bestimmte Organ sich durch die Evolution herausgebildet hat, dann sagt man damit etwas völlig anderes, als dass dieses Organ eine bestimmte Funktion hat. Nach Auffassung Searles sollten Darwinisten aufhören, die Idee der natürlichen Funktionen in ihre Theorie einzubauen, da beide Auffassungen mit einander unvereinbar sind. Stattdessen sollte die Evolutionstheorie, nach Auffassung Searles, deutlich machen, dass biologische Phänomene „völlig frei sind von Zwecken oder Teleologie" und das „teleologische Merkmale ausschließlich im Geist des Beobachters sind". (John Searle: The Rediscovery of Mind, S. 51f.). Und damit sind wir bereits beim letzten Argument, das gegen Zweckursachen vorgebracht wird, und das wir noch diskutieren möchten.

Man behauptet, dass man die Ursachen bestimmter Prozesse oder Tätigkeiten, wie bei menschlichen Handlungen, aus ihren Zielen bestimmt. Mit anderen Worten: Weil Kastanien sich zu Kastanienbäumen entwickeln, behauptet man, der Kastanienbaum sei das inhärente Ziel der Kastanie, so wie jemand, der von Freiburg nach Stuttgart fährt, schon bei der Abreise aus Freiburg den Besuch seines Stuttgarter Freundes als Ziel vorweg nimmt. Dieses Argument ist vielleicht sogar das bekannteste und am meisten verbreitete Argument gegen Finalursachen. Bei menschlichen Handlungen gesteht man Finalursachen als Grund einer Handlung zu, obgleich z.B. Daniel Dennett selbst dies durch natürliche evolutionäre Selektion zu erklären versucht (D. Dennett, The Intentional Stance, MIT Press, 1987); man bestreitet Finalursachen allerdings für natürliche Prozesse. Das Argument unterstellt der Theorie der Zielursachen einen Anthropomorphismus, die Übertragung bestimmter menschlicher Phänomene auf nicht-menschliche Gegebenheiten, oder auch, wie John Searle, dass es Zwecke nur im Geist des Beobachters gibt, nicht allerdings in der Natur. Schon Spinoza hat dieses Argument gegen Zweckursachen vorgebracht.

Gegen dieses Argument sprechen die Tatsachen der Biologie selbst. Eine der wichtigsten biologischen Entdeckungen des 20. Jahrhunderts war zweifellos die Entdeckung der Desoxyribonukleinsäure DNS, des genetischen Codes, der sich in allen lebendigen Organismen findet. Die DNS scheint nun aber durch und durch teleologisch. Dies wird deutlich an den Beschreibungen, die ständig Bezug nehmen auf „Informationen", die in der DNS gespeichert sind, oder „Instruktionen", „Entwurf" oder verschiedene Begriffe aus der Computersprache, wie „Software", „Programmierung" und ähnliches. Freilich sind diese Begriffe zur Beschreibung der DNS metaphorisch, doch sie machen gleichwohl einen guten Sinn, da sie tatsächlich das, was die DNS ist, mehr oder weniger zutreffend beschreiben. Es gibt nämlich keine andere Möglichkeit, die DNS zu erklären, als durch solche Begriffe, die ihre Funktion, ihren Zweck oder ihr Ziel bezeichnen. Die DNS ist nämlich „gerichtet auf" etwas über sich selbst hinaus, wie ein Ziel oder ein Zweck, nämlich die Entwicklung eines Organs, wie die Niere, oder des gesamten Organismus und seiner Organe, sowie ein bestimmtes Verhalten, eine Neigung zu diesem oder jenem. Damit manifestiert die DNS genau die Art von Finalursache, die von der modernen Biologie als überflüssig betrachtet wird, oder als bloß subjektive Zuschreibung zu an sich zweckfreien Tatsachen. Die DNS ist eine, wenn man so will, objektive Widerlegung der Behauptung, dass Zwecke und Ziele nur subjektiv sind, dass Annahmen von Zwecken nur menschliche Phänomene auf die Natur übertragen.

Allerdings ist der Mensch gewissermaßen das Musterbeispiel für Zweckursachen und zwar deshalb, weil er bewusst Zwecke erkennt oder setzt und in seiner Tätigkeit danach handelt. Doch das Vorhandensein von Bewusstsein ist keineswegs eine notwendige Voraussetzung, um in der Natur Zweckursachen zu entdecken. Wir haben an verschiedenen Beispielen deutlich gemacht, dass Zweckursachen erst eine vollständige Erklärung aller natürlichen Phänomene ermöglichen, und selbst die Wirkursachen erst im Licht der Zwecke verständlich werden, da jede Wirkursache auf ein Ziel gerichtet ist.

Schluss

Am Ende des Buches möchte ich das Ganze im Zusammenhang darstellen. Der innere Zusammenhang, den wir für den ersten Grundkurs Philosophie gewählt haben, ist die Veränderung, das Werden der natürlichen Dinge. Alle sinnlich wahrnehmbaren Dinge verändern sich. Diese Veränderung philosophisch zu erklären und dabei die grundlegenden Prinzipien der sichtbaren Welt vorzustellen, war das Ziel dieser kleinen Schrift. Eine philosophische Erklärung fragt nach den letzten Gründen einer Tatsache oder eines Phänomens. Diese letzten Gründe sind die metaphysischen Grundlagen und Prinzipien.

Zunächst ging es darum, eine möglichst umfassende Definition der Veränderung zu finden, d.h. eine solche, die die verschiedenen Arten der Veränderung, der Bewegung und des Werdens umfasst. Dabei konnten wir auf eine bereits über 2000 Jahre alte Definition zurückgreifen, die, wie ich überzeugt bin, auch heute noch genauso gültig ist und die von Aristoteles stammt. Diese Definition lautet: „Bewegung (Veränderung) ist die Aktualisierung eines in Potenz Seienden insofern es in Potenz ist". Diese sicher nicht auf Anhieb verständliche Definition wurde dann erläutert durch die unserer Erfahrung zugängliche Tatsache, dass jede Veränderung ein Übergang von einem Zustand zu einem anderen Zustand ist. Der erste Zustand ist der Anfang der Bewegung, während der letzte Zustand der Zustand ist, bei dem die Veränderung zur Ruhe kommt, bei der die Bewegung ihr Ziel erreicht. Es muss betont werden, dass dies nur für die physische Veränderung gilt. Die als metaphysische Veränderung bezeichnete Schöpfung und Vernichtung ist nicht das Thema dieses Buches.

Wenn man das Werden als Übergang von einem Zustand, bei dem das Werdende noch nicht verwirklicht ist, zu einem anderen Zustand, bei dem es verwirklicht ist, versteht, dann kann man sich der aristotelischen Definition der Veränderung nähern. Denn am Anfang der Veränderung ist das Ziel der Veränderung nur möglich, potentiell, während es am Ende der Veränderung wirklich, aktual ist. Und genau dies ist es, was Aristoteles mit seiner Definition sagen wollte. Jede Veränderung ist der Übergang von etwas in Potenz Seienden zu etwas wirklich, aktual Seiendem. Damit hatten wir die beiden Grundprinzipien freigelegt, die für jede Veränderung notwendig sind und aus denen alle Dinge dieser Welt aufgebaut sind, nämlich Akt und Potenz. Alle geschaffenen Dinge sind zusammengesetzt aus diesen beiden Prinzipien.

Durch Akt und Potenz wurde dann auch die Begrenztheit und Endlichkeit der geschaffenen Dinge erklärt, denn es ist die Zusammensetzung der Dinge aus Akt und Potenz, der diese Begrenzung verursacht. Ein reiner Akt, wie die Philosophen sich Gott vorstellen, ist unbegrenzt. Die Begrenzung kommt dadurch zustande, dass der Akt durch die Potenz begrenzt wird. Akt und Potenz sind bei den sinnlich wahrnehmbaren Dingen immer aufeinander hingeordnet und kommen nicht getrennt für sich vor. Der Akt ist das Prinzip der Wirklichkeit, die Potenz ist das Prinzip der Möglichkeit. Die Potenz ist nicht nichts, sie ist eine reale und bestimmte Möglichkeit, wie die Möglichkeit der Kastanie, ein Kastanienbaum und nichts anderes zu werden. Aber die Kastanie ist noch kein Kastanienbaum und die allermeisten Kastanien werden auch nie Kastanienbäume. Erst durch die Aktualisierung der Potenz wird aus der Kastanie ein Baum. Diese Potenz der Kastanie kann sich nicht selbst aktualisieren, sondern bedarf, wie jede Potenz, einer äußeren Ursache durch die sie aktualisiert wird. Jede Veränderung, sei es eine substanzielle oder eine akzidentelle Veränderung beruht auf diesen Prinzipien, der Aktualisierung eines in Potenz Seienden, insofern es in Potenz ist.

Es gibt aber noch eine weitere Zusammensetzung, die alle materiellen Dinge bestimmt, nämlich Form und Materie. Diese Prinzipien im Aufbau der materiellen Dinge sind nicht grundsätzlich verschieden von Akt und Potenz, sondern nur hinsichtlich des Umfangs. Während alle geschaffenen Dinge aus Akt und Potenz zusammengesetzt sind, selbst rein geistige Wesen wie die Engel (sofern es solche Wesen gibt), gibt es eine Zusammensetzung aus Form und Materie nur bei materiellen Dingen, einschließlich des Menschen. Die Form ist dabei das Prinzip der Aktualisierung, während die Materie in der Rolle der Potenz ist. Zugleich bestimmt die Form das *was* etwas ist, eine Kastanie, ein Apfel oder ein Mensch. Die Theorie von Form und Materie wird auch als Hylemorphismus bezeichnet.

Die Form ist das Prinzip der Bestimmung. Wenn es ein Bestimmendes gibt, dann muss es aber auch etwas geben, was die Bestimmung aufnimmt, was sich bestimmen lässt. Dies kann nicht selbst etwas Bestimmtes sein, denn aus zwei Bestimmenden, Wirklichen, wird nie ein Seiendes. Folglich muss das Bestimmbare rein potentiell sein und für jede Bestimmung empfänglich. Und eben dies ist die potentielle Materie. Die Materie in diesem philosophischen Sinne wird auch als *materia prima* bezeichnet, als erste Materie oder Urmaterie. Sie ist noch ursprünglicher als das Higgs Boson, das Teilchen, nachdem die Physiker seit Jahrzehnten suchen und das vermutlich im Juli 2012 nachgewiesen wurde. Aber selbst dieses Teilchen ist ein materieller Körper, ein Teil innerhalb eines Atoms, und es besteht insofern aus Form und Materie, ist also zusammengesetzt. Die erste Materie hingegen ist ohne jegliche Bestimmung, aber das, aus dem alle materiellen Gegenstände bestehen, natürlich bestimmt durch die Form. Es gibt keine *materia prima* als solches, sondern nur eine bestimmte Materie, bestimmt eben durch die Form.

Bei allem was es überhaupt gibt können wir fragen, was es ist. Mit der Frage was etwas ist, fragt man nach dem Wesen. Dieses Wesen wird bestimmt durch die Form. Natürlich gehört zur vollen Definition des Wesens eines Gegenstandes auch die Materie. Wir haben dies ausführlicher im vierten Kapitel erläutert. Doch da die Form das Bestimmende im Aufbau eines Seienden ist, bestimmt sie auch, was etwas ist.

Das, was Form und Materie zusammen bilden, ist eine Substanz. Letztlich liegt jeder Veränderung eine Substanz zugrunde, denn es gibt keine substanzlose Veränderung. Es ist immer ein Etwas, das sich verändert, das entsteht oder vergeht oder sich verwandelt. Freilich sind nicht alle Dinge die wir kennen Substanzen. Zum Beispiel sind die vom Menschen hergestellten Dinge, die uns heute oft so sehr umstellen, dass wir die natürlichen Dinge gar nicht mehr bemerken, keine Substanzen. Denn unter einer Substanz versteht man ein Seiendes, eine Entität, die in sich ist. Dieses In-sich-Sein hatten wir als die entscheidende Bestimmung der Substanz herausgestellt und gegen andere Definitionen der Substanz verteidigt. Letztlich bestehen natürlich auch alle Artefakte aus Substanzen, denn die materielle Grundlage jedes vom Menschen hergestellten Dinges ist immer etwas, was in der Natur vorkommt, eine Substanz. Seien dies nun Steine und Mineralien für den Bau von Häusern, oder Erdöl für die Erzeugung von Kunststoffen usw. Steine oder Mineralien ebenso wie Erdöl oder Wasser sind Substanzen, d.h. sie haben ein In-sich-Sein. Dieses In-sich-Sein ist unterschieden vom In-einem-Anderen-Sein. Ein Molekül innerhalb einer Pflanze ist deshalb keine Substanz, ebenso wenig wie eine bestimmte Eigenschaft oder Tätigkeit nicht eine Substanz, sondern etwas an einer Substanz ist; diese ist der Träger der Eigenschaften.

Jeder Veränderung, jeder Bewegung und jedem Werden liegt eine Substanz zugrunde. Wir haben betont, dass es kein Sitzen oder laufen, kein Blühen oder Wachsen gibt, ohne etwas, das sitzt, läuft, blüht oder wächst. Dieses Etwas ist eine Substanz. Nun gibt es aber nicht nur Veränderungen an einer Substanz, sondern auch Veränderungen der Substanz selbst, sogenannte substantielle Veränderungen. Auch bei der substantiellen Veränderung gibt es eine Grundlage, nämlich die erste Materie. Bei einer substantiellen Veränderung wird eine bestimmte Substanz zerstört, d.h. sie verliert ihre bisherige Form und dadurch wird die geformte Materie gewissermaßen zurückverwandelt in die erste Materie, die dann wieder eine neue Form annimmt. Dies geschieht z.B. beim Tod eines Lebewesens.

Zum Schluss haben wir dann nach den Ursachen der Veränderung, des Werdens gefragt und haben gesehen, dass es zur vollständigen Erklärung einer Veränderung nicht ausreicht, die Wirkursache zu kennen, sondern dass es noch dreier weiterer Arten von Ursachen bedarf, die in den Naturwissenschaften ebenso wenig berücksichtigt werden wie in der modernen Philosophie. Alles was nicht notwendig existiert hat eine Ursache, durch die es existiert. Dies gilt für alle Dinge ebenso wie für jede Bewegung. Es ist das Prinzip der Kausalität. Wenn wir fragen, warum diese Veränderung eingetreten ist oder warum diese Entität existiert, dann fragen wir nach den Ursachen für die Veränderung oder die Entstehung von etwas Neuem, von etwas, das zuvor nicht da war. Denn wenn es zuvor nicht da war, dann ist es nicht notwendig da, d.h. es kann auch nicht da sein. Etwas Notwendiges in diesem Sinne ist etwas, das nicht nicht sein kann. Wir haben dann gezeigt, dass diese Bestimmung der Kausalität sich sehr deutlich von den modernen Kausaltheorien unterscheidet, die unter Kausalität nicht die Entstehung von etwas Neuem verstehen, sondern die Aufeinanderfolge von Ereignissen.

Wenn wir nun eine bestimmte Veränderung, z.B. das Wachstum eines Kastanienbaums, kausal zu erklären versuchen, dann müssen wir natürlich die Wirkursachen kennen. Diese werden vor allem von der Biologie untersucht: dazu gehören eine bestimmte Bodenbeschaffenheit mit gewissen Mineralien, das Licht der Sonne, die Photosynthese und vieles andere mehr. Doch diese Wirkursachen wären völlig sinnlos, wenn sie nicht auf ein bestimmtes Ziel gerichtet wären. Jede Wirkursache bewirkt etwas ganz Bestimmtes und nichts anderes. Dieses Bestimmte, das von der Wirkursache angezielt wird, ist die Ziel- oder Zweckursache. Alle Wirkursachen, die beim Wachstum des Baumes wirken, zielen auf das Wachstum, die Entfaltung und die Vervollkommnung des Baumes, ferner auf den Aufbau, die Selbsterhaltung und die Fortpflanzung des Baumes.

Der Baum besteht auch aus einem bestimmten Material. Ohne Materie gibt es weder einen Baum, noch irgendein anderes materiell Seiendes. Auch dies, woraus etwas besteht, die Materie, wird in der klassischen aristotelisch-scholastischen Philosophie als Ursache verstanden. Bei allen natürlichen Dingen, wie Bäumen oder Tieren oder Steinen, ist immer die *materia prima*, die erste Materie die Materialursache. Bei Artefakten sind es die Materialien, die für die Herstellung des Gegenstandes verwendet werden. Last but not least bestimmt die Formursache, *was* wird. Dass aus der Materie durch die Wirkungen der Wirkursache, die auf ein Ziel gerichtet sind ein Kastanienbaum wird, dies wird durch die Formursache bestimmt. Die Formursache bestimmt die Artwesenheit, die durch den genetischen Code in der DNS festgelegt ist. Erst diese vier Ursachen zusammen können die Entstehung eines Kastanienbaums vollständig erklären. Natürlich gilt dies nicht nur den Kastanienbaum sondern auch jede andere Veränderung.

Bibliographie

Verwendete Literatur

Die folgenden Titel wurden für die Arbeit an diesem Buch verwendet. Im Mittelalter war das, was wir heute als „geistiges Eigentum" bezeichnen, völlig unbekannt. Jeder kopierte und wurde kopiert. Die aristotelisch-scholastische Philosophie ist Allgemeingut und die in diesem Buch vorgestellten philosophischen Theorien wurden nicht von mir erfunden.

FESER, EDWARD (2009) *Aquinas. A Beginner's Guide*, Oxford: Oneworld Publication

FESER, EDWARD (2010) *The Last Superstition. A Refutation of the New Atheism*, South Bend, Indiana: St. Augustine's Press (das Buch erscheint im Herbst 2012 auf deutsch im Verlag Editiones Scholasticae)

ODERBERG, DAVID S. (2007) *Real Essentialism*, New York and London: Routledge

KÄLIN, BERNARD (1957⁵) *Lehrbuch der Philosophie*, Reprint der 5. Auflage, Heusenstamm 2011: Editiones Scholasticae

MANSER, GALLUS M. (1949³) *Das Wesen des Thomismus*, Reprint der 3. Auflage, Heusenstamm 2011: Editiones Scholasticae

WUELLNER, BERNARD (1956) *Dictionary of Scholastic Philosophy*, Reprint der 1. Auflage, Heusenstamm 2011: Editiones Scholasticae

WUELLNER, BERNARD (1956) *Summery of Scholastic Principles*, Reprint der 1. Auflage, Heusenstamm 2011: Editiones Scholasticae

Weitere zitierte Literatur

ANSCOMB, ELIZABETH (1981) *'Whatever has a Beginning of Existence must have a Cause'*: Hume's Argument Exposed, In: Elizabeth Anscomb, *Collected Philosophical Papers*, Volume 1, 1981: Basil Blackwell

DENNETT, DANIEL (1987) *Darwin's Dangerous Idea*, Simon & Schuster

DENNETT, DANIEL (1987) *The Intentional Stance*, MIT Press

FODOR, JERRY (1998) *Critical Conditions. Polemic Essays on Cognitive Science and the Philosophy of Mind*, MIT Press

FODOR, JERRY (2000) *The Mind Doesn't Work That Way*, MIT Press

MARTIN, C.F.J. (1998) *Thomas Aquinas. God and Explanation:* Edinburgh University Press

MEIXNER, UWE (1997) *Ereignis und Substanz. Die Metaphysik von Realität und Realisation*, Paderborn: Schoening Verlag

MILLIKAN, RUTH (1987) *Language, Thought, and Other Biological Categories*: MIT Press

SEARLE, JOHN (1992) *The Rediscovery of Mind*, MIT Press

TEGTMEIER, ERWIN (1992) *Grundzüge einer kategorialen Ontologie. Dinge, Eigenschaften, Beziehungen, Sachverhalte*, Freiburg, München: Alber Verlag

Weiterführende Literatur

Die folgenden Titel sind, außer den bereits zuvor genannten Büchern, für philosophisch Interessierte und Studierende zum weiteren Studium zu empfehlen. Die Auswahl bezieht sich vor allem auf die Themen, die in der vorliegenden Schrift behandelt wurden.

FESER, EDWARD (2012) *Der letzte Aberglaube. Eine Zurückweisung des Neuen Atheismus*, Heusenstamm: Editiones Scholasticae

GARRIGOU-LAGRANGE, REGINALD (2011) *Der Realismus der Finalität.* Aus dem Französischen übersetzt von Joachim Volkmann, Heusenstamm: Editiones Scholasticae

FORSCHNER, MAXIMILIAN (2006) *Thomas von Aquin*, München: C.H. Beck

SCHÖNBERGER, ROLF (1998) *Thomas von Aquin zur Einführung*, Hamburg: Junius Verlag

THOMAS VON AQUIN (1987²) *De ente et essentia / Über das Seiende und das Wesen*, Stuttgart: Reclam